1 MONTH OF
FREE
READING

at
www.ForgottenBooks.com

By purchasing this book you are eligible for one month membership to ForgottenBooks.com, giving you unlimited access to our entire collection of over 1,000,000 titles via our web site and mobile apps.

To claim your free month visit:

www.forgottenbooks.com/free1240866

ISBN 978-0-332-75780-3
PIBN 11240866

For support please visit www.forgottenbooks.com

ACTES

DU

ONZIÈME CONGRÈS INTERNATIONAL

DES ORIENTALISTES

PARIS - 1897

DU

ONZIÈME CONGRÈS INTERNATIONAL

DES ORIENTALISTES

———ˋ

PARIS–1897

—

TROISIÈME SECTION
LANGUES ET ARCHÉOLOGIE MUSULMANES

PARIS

IMPRIMERIE NATIONALE

—

ERNEST LEROUX, ÉDITEUR, RUE BONAPARTE, 28

—

M DCCC XCIX

M. BARBIER DE MEYNARD.

———◆———

Les temps sont loin où d'ardentes polémiques sur la valeur esthétique de la poésie arabe passionnaient les séances, d'ordinaire si paisibles, de la Société asiatique de Paris. On comprend qu'à l'aurore des études orientales la question fût placée sur ce terrain et qu'elle ait donné lieu à une controverse aussi vive que stérile. Aujourd'hui un débat de cette nature n'aurait plus sa raison d'être : de nombreuses éditions dues à la collaboration de savants éminents nous ont fait connaître avec plus de sûreté et de précision le caractère véritable de cette poésie. Le *Hamasa* n'est plus comme autrefois une des rares pièces du procès. Nos archives se sont enrichies de documents de haut prix. Les éditions des *Mou‘allakat,* les *Poèmes hodeïlites,* les *Divâns des six poètes,* ceux de Motenebbî, de Farazdak et d'autres poètes illustres nous permettent d'apprécier leurs œuvres à leur juste valeur.

Pendant la période anté-islamique, — celle du moins qui est accessible à l'histoire, dans les deux ou trois siècles que le fanatisme musulman nomme *djahèlyèh* «l'âge d'ignorance», et que nous nommerions volontiers «l'âge d'héroïsme», quoique la poésie conserve un caractère subjectif et qu'elle ne chante le plus souvent que les luttes de tribu à tribu, — elle atteint parfois au sublime avec Imrou'l-Kaïs, Nabigha et Zoheïr. Malheureusement les rapsodes ne nous l'ont transmise que tronquée, mutilée, avec mille incertitudes de provenance et de rédaction. En outre, les fragments recueillis par la tradition orale ont subi ensuite de nombreux remaniements d'école : le rigorisme des grammairiens de Basrah et de Koufah, dans son désir de tout ramener au dialecte de Koreïch, a dénaturé la forme primitive de ces chants de guerre et d'amour. — La poésie des deux premiers siècles de l'hégire n'a pas souffert, il est vrai, d'aussi graves atteintes; toutefois les retouches dont elle porte les marques nous commandent une extrême réserve et nous interdisent de porter sur les principaux représentants de cette seconde période un jugement définitif et sans appel.

Mais, en dehors de toute préoccupation de synthèse, une conclusion peut aujourd'hui rallier tous les suffrages : c'est que la poésie arabe, avant comme après la prédication de l'islam, ne doit plus être étudiée pour sa valeur intrinsèque et avec l'espoir de lui conserver ses beautés en la revêtant d'un costume européen. Elle a quitté les régions de l'idéal pour entrer dans le domaine de l'érudition; elle s'est faite — et ce n'est pas un mince mérite — l'auxiliaire de l'histoire [1]. C'est elle qui explique et complète la chronique, nous révèle la conscience du monde arabe et jette sur sa condition morale, politique et sociale une lumière qu'on demanderait en vain aux Annales de Tabari et d'Ibn el-Athîr. C'est par là surtout qu'elle revendique notre curieuse attention et nos plus sérieux efforts.

Telle a été la pensée qui inspira, il y a plus de vingt ans, la publication du *Divân de Moslim*, d'où j'ai tiré cette courte notice. Je suis heureux de pouvoir remercier ici publiquement, au nom de nos confrères, le savant qui, au milieu de tant de travaux dont il a enrichi l'érudition, a été l'un des premiers à montrer, en lui donnant ce livre, combien est étroite l'alliance de la

---

[1] Cf. Wellhausen, *Skizzen*, t. I, p. 105.

poésie proprement dite et de l'histoire. Ne vous étonnez pas, Messieurs, si j'appelle de nouveau votre attention sur une œuvre qui porte cette date déjà lointaine : les travaux d'une telle valeur ne vieillissent pas, parce qu'il y a toujours profit à les consulter. Je suis un peu gêné pour apprécier, en présence de l'auteur, tout ce qu'il a fallu déployer de savoir et de sagacité dans l'établissement de ce texte difficile sur un manuscrit unique, d'érudition et de tact dans le choix des documents annexes, propres à en faciliter l'intelligence. Qu'il me soit au moins permis de dire que l'éminent éditeur a une fois de plus bien mérité du monde savant en fournissant à l'histoire littéraire du IIᵉ siècle de l'hégire un de ses documents les plus rares et les plus précieux.

M. de Goeje a esquissé dans sa préface la vie du poète, mais il a laissé au lecteur le soin de recueillir dans les pièces jointes au *Divân* les éléments d'une notice plus détaillée. Pour ne pas abuser de votre attention, je me borne aujourd'hui à en retracer les traits principaux, en gardant l'espoir de les compléter plus tard dans une étude d'ensemble sur la poésie arabe contemporaine des premiers Abbassides.

Abou'l-Walîd Moslim naquit à Koufah vers le milieu du IIᵉ siècle de l'hégire, entre les années 130 et 140 (de 747 à 758). Son père, qui portait lui aussi le nom de *Walîd*, se rattachait par les liens de la clientèle à la classe respectée des *Ançars* ou auxiliaires du Prophète; il était *mawla* de la famille d'Abou Omamah Asʿad ben Zorarah, branche de la grande tribu de Khazradj [1].

---

[1] La mémoire de cet Asʿad est en grande vénération chez les Musulmans, parce qu'il fut un des premiers à adopter la loi du Ḳoran, lors de l'entrevue de ʿAḳabah, une année avant l'hégire; il mourut peu de temps avant la bataille de Bedr. (*Ibn el-Athîr*, t. II, p. 74 et suiv.) Peut-être y a-t-il une confusion dans la généalogie de Moslim, telle que la donne le *Livre des Chansons*. Il serait, je crois, plus exact

La condition de Walîd était des plus modestes : il exerçait
le métier de tisserand à Koufah, circonstance qui n'échappa
point à la malignité d'Ibn Ḳanbar, un des rivaux les plus achar-
nés contre notre poète. Dans une de ses satires, Ibn Ḳanbar lui
reproche cruellement l'obscurité de sa naissance :

> Que d'autres aient des doutes sur ta filiation; pour moi, je me garde-
> rai bien de te contester le père dont tu te réclames.
> Pourquoi, ô fils de Walîd, te disputerais-je une origine qui est pour
> toi une source de honte?
> Où trouverais-je en effet un être plus infime que ton père? Je me
> trompe, il en est un : c'est toi.
> Longtemps il a tissé la trame des manteaux (*borda*), aussi mal que tu
> tisses la trame de tes vers[1].

On ne sait rien ou presque rien de la jeunesse de Moslim,
et le *Livre des Chansons* ne nous a pas conservé le nom des
maîtres qui dirigèrent ses pas dans l'art des vers; peut-être n'en
eut-il point et son tempérament nourri de la lecture des poètes
de l'âge classique fut-il son guide unique. Le même doute
plane sur les Mécènes qui favorisèrent l'éclosion de son talent.
Le premier en date paraît avoir été Yézîd ben Maziad, un vail-
lant général dont le nom revient souvent dans les annales du
règne de Haroun ar-Rachîd. Moslim trouva aussi un appui effi-
cace chez Mohammed, fils du khalife Manṣour; enfin Fadhl ben
Sehl, qui joua, comme on le sait, un grand rôle politique sous
les khalifes Rachîd et El-Mamoun, professait une vive admiration pour son génie, et c'est au crédit de ce personnage influent

de lire *As'ad ben Sehl* au lieu de As'ad ben Zorarah. Sehl était le petit-fils de Abou
Omamah dans la ligne maternelle; il mourut en l'année 100 de l'hégire (cf. *Ibn
el-Athîr*, t. V, p. 41). Il est impossible en effet que Walîd, père de notre poète,
fût le client d'un Ançar mort avant la bataille de Bedr, c'est-à-dire dans la première année de l'hégire.

[1] *Divân*, p. 261.

que notre poète dut sa nomination comme magistrat dans la province de Djordjân.

Mais la consécration suprême, son admission auprès de l'émir des Croyants, ne lui avait pas encore été accordée. Depuis longtemps déjà il chantait les prouesses militaires et la générosité « inépuisable comme la mer » de ses protecteurs; son nom s'était répandu au loin sans qu'il eût obtenu l'honneur d'être admis chez le khalife Haroun ar-Rachîd, honneur accordé pourtant à d'autres poètes qui ne le valaient pas. Il prenait patience et se consolait en épicurien de cet oubli immérité. Une de ses odes lui avait-elle valu quelques milliers de dirhems, il réunissait ses amis, des lettrés comme lui, et les traitait généreusement jusqu'à ce qu'il ne lui restât plus que de quoi vivre pendant un mois. On le rencontrait seulement lorsque sa bourse était à sec. Ce fut dans un de ces moments difficiles qu'il pria un des fils de Yézîd ben Maziad de prononcer son nom devant le prince des Croyants. Rachîd, lorsque le courtisan se présenta devant lui, était en proie à un de ces accès de mélancolie profonde qui, au dire de ses historiens, venaient l'assaillir souvent au faîte de la toute-puissance. Manṣour, fils de Yézîd, lui persuada que la poésie apporterait quelque diversion à ses tristesses et obtint que son protégé fût admis séance tenante. Moslim sut tirer parti de cette faveur; il récita plusieurs de ses meilleurs morceaux, choisis parmi les *Khamridt* (poésies bachiques) où il excellait, captiva l'attention du maître et obtint, avec une large récompense, ses entrées à la cour. Le grammairien Moberred, auteur de ce récit que j'abrège [1], ajoute que, dans la même audience, le poète reçut du khalife lui-même le surnom de *Ṣarî-el-ghawânî* صريع الغواني, dont la traduction littérale est la « victime des belles ». Haroun, en le

---

[1] *Divân*, pièces annexes, p. ٢٨٢.

lui donnant, songeait sans doute à un des derniers vers d'une des *Khamriàt* :

Qu'est-ce que la vie pour moi, si ce n'est aimer et succomber à l'ivresse du vin et des beaux yeux ? [1].

Le poète lui-même commentait cette pensée dans une pièce qui ne figure pas dans l'édition imprimée :

Un teint de rose, des yeux languissants, des lèvres qui laissent voir une rangée de perles blanches comme l'*anthémis*,

Deux boucles noires qui rehaussent la blancheur du visage, des seins arrondis comme la grenade :

Voilà le pouvoir irrésistible sous lequel j'ai succombé ; voilà ce qui m'a fait nommer la *Victime des belles* [2].

Ce sobriquet galant, né d'une boutade du khalife et que Moslim ne supportait au début qu'avec une certaine impatience, donna lieu à plus d'une raillerie. Le poète 'Abbas ben Ahnef y substituait l'épithète de *victime des sorcières* (صريع الغيلان), et Moslim s'en vengea par une satire qui est la pièce XLIV du recueil. D'autres se plaisaient à l'appeler la *victime de l'amphore* (صريع الكأس)[3]. Moslim demande souvent à l'ivresse un surcroît de verve, mais c'est l'ivresse d'un viveur élégant qui a autant d'aversion pour la lourde débauche du khalife Émîn que pour

---

[1]

هل العيش آلا ان اروح مع الصبا   ۞   واغدو صريع الراح والعيون النُجل

C'est le vers 35 de la pièce III dans l'édition de M. de Goeje.

[2] Thàlebî dans le *Laṭaif el-Ma'arif*, cité p. 290. Voici le texte de ce passage :

ان وَرد الخُدود والاعيُن النُجـل   وما في الـثُغـور مـن اقحُـوان

واسوداد الـصـدغـيـن في واضح الخَـ   ـدّ وما في الـصـدور مـن رُمّـان

تركتنى لدى الـغـوانى صـريـعـًـا   فلهذا أُدعَى صـريـعَ الـغـوانى

[3] Cette expression n'est pas sans analogie avec le passage d'Isaïe XXVIII, 1 :
חֲלוּמֵי יָיִן «frappés par le vin».

le rigorisme équivoque des gens de loi. Les Grecs auraient dit de lui qu'il était οἰνοδυνάσʃης. S'il aime la liqueur d'or qu'on recueille à Tizenâbâd, c'est parce qu'il lui doit ses plus chaudes inspirations, ses images les plus colorées, parce qu'elle le place à côté du grand poète Abou Nowas dans ce genre particulier qui, en dépit des prohibitions du Ḳoran, forme une des sections principales de la poétique musulmane. Voyez avec quelle délicatesse d'expression il chante la liqueur enchanteresse :

C'est la fille des mages, devenue musulmane par son union avec les convives.

Nous l'avons demandée en mariage et le négociateur qui nous l'amène marche d'un pas grave et solennel.

Il a su séduire son premier maître et, prodiguant l'or, il l'a ravie à sa famille.

Il la livre vierge et pure à une troupe de buveurs généreux, exempts de toute vilenie.

La voilà cette liqueur que le vigneron n'a pas pressée dans la cuve, la voilà bouillonnante comme le sang qui jaillit des veines du guerrier Kharédjite!

C'est elle qui chasse le chagrin et inspire la générosité à l'avare.

Elle colore la main de l'échanson et donne à ses doigts les reflets de l'écaille.

L'eau, en se mêlant doucement au vin, pare l'aiguière d'un collier de perles... [1].

Ailleurs il célèbre l'esclave charmante qui fait circuler la coupe :

Les convives lui lancent à la dérobée d'amoureuses œillades, elle leur verse en même temps et le vin et l'amour.

Chacun répond à son appel, chacun partage le délire de celle qui tient l'amphore.

Le luth et la cithare mêlent leurs plaintes aux soupirs des convives, et chacun goûte une félicité qui n'a rien à envier à celle des élus [2].

[1] *Divân*, p. 32 et 48.
[2] *Ibid.*, p. 48 et *passim*.

Dans la peinture de l'amour, dans le genre élégiaque et passionné que les Arabes nomment *nasîb*, le poète trouve-t-il des accents aussi chaleureux, une émotion aussi sincère? Je n'oserais l'affirmer. La plupart des morceaux qui nous ont été conservés dans le *Dîvân*, en admettant qu'ils lui appartiennent tous, — ce qui est contestable, — se recommandent par une facture élégante, un tour aisé, des images ingénieusement choisies; mais on y cherche vainement ce cri de la souffrance, cette expression de douleur vraie qui éclatent dans les courtes poésies d'*Orwah* et de *Medjnoun*, surnommés *les martyrs de l'amour*. On doit faire cependant exception pour la pièce XXI, dont le début est mouvementé. En voici quelques vers :

Ô joies évanouies! ô tristesses de l'heure présente! pourquoi ne suis-je pas mort au moment des adieux?

La destinée a-t-elle reculé le terme fatal de ma vie, ou bien ai-je été glacé de stupeur à l'heure de la séparation?

Celle que j'aime n'a-t-elle pas fui loin de moi? Ne vois-je pas les traces désolées du campement qu'elle habitait?

La vie est désormais pour moi sans douceur, la mort seule a du prix à mes yeux.

Ces colombes gémissantes peuvent confier leurs plaintes au bocage, mais moi, pauvre amant délaissé, à qui dirai-je ma douleur?...[1].

A part un certain défaut de liaison, défaut inhérent à toute poésie sémitique, les vers qui précèdent ont, dans l'original, je ne sais quoi de touchant et de tendre dont la traduction ne donne qu'une faible idée. Je mettrais volontiers à côté de cette élégie celle où il pleure une jeune parente qu'il avait épousée et dont la mort prématurée lui fit une blessure profonde. A un ami qui l'invite à demander au vin l'oubli de sa douleur, le poète répond :

---

[1] *Dîvân*, p. 139.

L'amphore et les larmes peuvent-elles couler ensemble et ne suivent-elles pas dans le cœur une route opposée?

Amis, laissez-moi tout entier à ma souffrance, elle est sans limites, mais elle me révèle ce que vous ne sauriez y voir.

Celle que j'aimais a cessé de vivre : le tombeau était plus digne que son époux de la posséder; elle est allée vers une demeure éloignée des yeux et cependant toute proche (du cœur)... [1].

Mais, je le répète, dans la plupart des pièces du genre *nasîb* que la tradition lui attribue, Moslim n'a pas la même sincérité d'accent. Il trouvera encore des comparaisons ingénieuses, celle-ci par exemple :

L'amour de cette magicienne m'a fasciné, comme la croix fascine le chrétien.

Ses vers conserveront leur douceur, leur allure égale et mesurée, mais la flamme n'y est plus. D'ailleurs pour lui comme pour la plupart des poètes de son temps, l'amour est affaire de mode et de dilettantisme. Il déclare quelque part qu'il chante la dame de ses pensées parce que le bon ton l'exige, mais il ajoute avec un laisser-aller qui n'est pas sans candeur que la jeune esclave chargée par lui de porter ses messages galants lui paraît plus charmante que les *Zeïneb* et les *Asmâ* dont il se déclare publiquement l'adorateur.

Et pourtant, en dépit de leur caractère artificiel et de convention, ces cantilènes du IIe siècle de l'hégire ne sont pas sans charme. On se croirait transporté dans quelque cour d'amour de Provence ou d'Italie. Ou pour mieux dire, c'est l'épanouissement de ce génie léger et galant qui, brisant les chaînes du

---

[1] *Divân*, pièces annexes, p. ror..

[2] Cette influence de l'art poétique arabe a été bien comprise par feu M. de Kremer, dans son ouvrage intitulé: *Culturgeschichte des Orients unter den Chalifen*; voir surtout le chapitre: *Damas et la cour des Omeyyades*, t. I, p. 114-158.

r, c an ... pénétrer le
ment *nasth* ... clartés les té-
le émotion
orceaux
qu'ils l
econ
in tr

lu poète, que nous
renseignements :
entière. Celle que lui
anecdotes, en général
que par un détail sans
les coordonner.

moitié de sa vie, est devenu
de Bagdad. Il célèbre tour
—Rachîd. 'Abbassah, sœur
sœur au trône. Mais c'est
qu'il trouve les meil-
il consacre à Yézid ben Ma-
fut, dit-on, l'origine de
ce général dont la géné-
comme dans tous les récits ana-
), c'est une pluie d'or qui
de ses odes, récitée devant
au sortir de la même au-
poète une gratification de
), « voulant, dit-il, rester au
munificence du khalife », mais il
dépassait 200,000 dirhems [2].
de la part de Fadhl ben Sehl
à la dignité de premier ministre.
bienveillance ne lui fit jamais dé-
à la haute Cour de justice de

p. à
à la valeur généralement admise de 70 cen-

· le grade de directeur du *Bérid*, c'est-à-dire
·té générale dans la même province.
·ctionnaire, nous l'ignorons, mais on
... le personnage officiel survivait encore
...me insouciant qui jadis, faute de gîte,
ciel étoilé de Bagdad, dans l'unique manteau
... Dépensier et sans souci du lendemain, il paraît
·é l'homme d'autrefois, à telles enseignes que Fadhl,
...tant à ses royales largesses le don de fermes impor-
·.tes dans le district d'Ispahân, lui adjoignit un intendant
chargé d'en toucher les revenus, de prélever les sommes nécessaires pour les dépenses journalières et d'acheter de nouvelles
terres avec le surplus. Un million de dirhems (700,000 francs)
aurait reçu cette destination; mais il faut toujours se tenir en
garde contre les chiffres fantastiques que les auteurs les plus
graves accumulent dans les récits de ce genre. Le *Livre des
Chansons* a fourni plus qu'on ne le croit de merveilleuses légendes
aux *Mille et une Nuits*.

Cependant, s'il faut en croire le commentateur du *Dîvân de
Motenebbî*[1], les débuts de Moslim à la cour de Haroun n'auraient pas été aussi faciles que la version de l'*Aghâni* le ferait
supposer. Si incertaine que soit la tradition citée par ce commentaire, elle est caractéristique comme trait de mœurs, et je
ne crois pas devoir la passer sous silence. On sait avec quelle
rigueur les menées politiques des descendants d'Alî étaient réprimées par les premiers Abbassides. Un jour, Moslim fut dénoncé à Haroun comme favorisant, de concert avec Anas ben
Abî Cheïkh, les complots d'un membre de la famille proscrite.
Les deux accusés furent conduits en présence du souverain. Ici
se place un dialogue qui revient souvent dans le récit des entre-

[1] Annexes, p. ٣٢٠.

rigorisme orthodoxe et les grilles du harem, va pénétrer le
monde occidental, et éclairer de ses joyeuses clartés les ténèbres de la vie féodale.

J'ai déjà dit, en parlant de la jeunesse du poète, que nous
ne possédons sur ses débuts que de maigres renseignements :
on peut en dire autant de sa biographie entière. Celle que lui
consacre le *Livre des Chansons* est tout en anecdotes, en général
assez futiles et qui ne diffèrent souvent que par un détail sans
importance. Essayons cependant de les coordonner.

Moslim, au moins dans la seconde moitié de sa vie, est devenu
un des chantres attitrés de la cour de Bagdad. Il célèbre tour
à tour les Barmécides, Haroun ar-Rachîd, 'Abbassah, sœur
de ce khalife, puis Émîn, son successeur au trône. Mais c'est
surtout dans l'entourage de ces princes qu'il trouve les meilleurs encouragements. L'ode qu'il consacre à Yézîd ben Maziad et qui est la première du *Dîvân* [1], fut, dit-on, l'origine de
sa fortune, et lui assura la faveur de ce général dont la générosité égalait la bravoure. Ici, comme dans tous les récits analogues de l'*Aghânî* (Livre des Chansons), c'est une pluie d'or qui
tombe sur le panégyriste. Une seule de ses odes, récitée devant
Haroun, lui vaut 200,000 dirhems; au sortir de la même audience, Yézîd, à son tour, donne au poète une gratification de
190,000 dirhems (133,000 francs), «voulant, dit-il, rester au-
dessous du chiffre fixé par la munificence du khalife », mais il
y ajoute une ferme dont le revenu dépassait 200,000 dirhems [2].
Mêmes marques de générosité de la part de Fadhl ben Sehl
avant et après son élévation à la dignité de premier ministre.
C'est à ce protecteur, dont la bienveillance ne lui fit jamais défaut, que Moslim dut son entrée à la haute Cour de justice de

[1] Elle a 79 *beït* dans l'édition de Leyde, p. ٢ à ٩.
[2] Soit 140,000 francs en adoptant la valeur généralement admise de 70 cen-
times pour le dirhem.

Djordjân, et ensuite le grade de directeur du *Bérid*, c'est-à-dire de la poste et de la sûreté générale dans la même province.

Ce qu'il fut comme fonctionnaire, nous l'ignorons, mais on peut supposer que dans le personnage officiel survivait encore par boutades le bohème insouciant qui jadis, faute de gîte, dormait sous le ciel étoilé de Bagdad, dans l'unique manteau qu'il possédât. Dépensier et sans souci du lendemain, il paraît être resté l'homme d'autrefois, à telles enseignes que Fadhl, en ajoutant à ses royales largesses le don de fermes importantes dans le district d'Ispahân, lui adjoignit un intendant chargé d'en toucher les revenus, de prélever les sommes nécessaires pour les dépenses journalières et d'acheter de nouvelles terres avec le surplus. Un million de dirhems (700,000 francs) aurait reçu cette destination; mais il faut toujours se tenir en garde contre les chiffres fantastiques que les auteurs les plus graves accumulent dans les récits de ce genre. Le *Livre des Chansons* a fourni plus qu'on ne le croit de merveilleuses légendes aux *Mille et une Nuits*.

Cependant, s'il faut en croire le commentateur du *Divân de Motenebbi*[1], les débuts de Moslim à la cour de Haroun n'auraient pas été aussi faciles que la version de l'*Aghâni* le ferait supposer. Si incertaine que soit la tradition citée par ce commentaire, elle est caractéristique comme trait de mœurs, et je ne crois pas devoir la passer sous silence. On sait avec quelle rigueur les menées politiques des descendants d'Alî étaient réprimées par les premiers Abbassides. Un jour, Moslim fut dénoncé à Haroun comme favorisant, de concert avec Anas ben Abî Cheïkh, les complots d'un membre de la famille proscrite. Les deux accusés furent conduits en présence du souverain. Ici se place un dialogue qui revient souvent dans le récit des entre-

---

[1] Annexes, p. ۲۲۰.

vues entre khalifes et poètes. Haroun, s'adressant au poète pâle et tremblant, lui demande : «Tu es, n'est-ce pas, l'auteur de ce vers :

Mon cœur est tellement pénétré d'amour pour la famille d'Ali qu'il s'éloigne avec aversion de la lignée d'Abbas.

«Prince des Croyants, s'écrie Moslim, voici ce que j'ai dit :

Mon cœur est tellement pénétré d'amour pour la famille collatérale [1] qu'il fuit tous les autres hommes. — Les qualités les plus parfaites, vous seuls êtes dignes de les posséder, ô fils d'Abbas.

Haroun, surpris de la présence d'esprit dont le poète vient de donner la preuve, met à une épreuve plus rude son talent d'improvisateur : il exige de lui qu'il compose, séance tenante, quelques *beït* (distiques) sur son propre complice Anas ben Abî Cheïkh. Le pauvre Moslim cherche en vain à s'excuser, il allègue son trouble, son émotion en présence du khalife *qu'il voit pour la première fois* [2]. Le souverain l'ordonne, il faut obéir. Une inspiration soudaine lui dicte trois vers où il exalte la puissance du vicaire de l'apôtre (le khalife), qui commande au glaive et dispense à son gré le châtiment et le pardon. Ici la scène tourne au tragique. Haroun ordonne à l'improvisateur de se retourner afin de ne pas voir ce qui va se passer derrière lui, puis il fait un signe et la tête d'Anas tombe sous le glaive du bourreau. A peine l'exécution terminée, le khalife rend la parole au poète plus mort que vif; il l'oblige à réciter plusieurs odes de sa composition, une entre autres où il s'était surpassé

---

[1] Littéralement «pour la lignée de l'oncle paternel»; c'est ainsi qu'on désignait la descendance d'Abbas, oncle du Prophète.

[2] On voit ici combien les traditions relatives à ces anciens poètes sont confuses et contradictoires. Comparez d'ailleurs, avec le récit plus digne de confiance d'Abou'l-Faradj, l'auteur du *Livre des Chansons*, ci-dessus, p. 5.

dans l'éloge du vin et de l'orgie [1], et lui adresse quelques critiques sur un ton enjoué.

Ce dénouement sanglant n'est pas pour nous surprendre : nous sommes à une époque et dans un milieu où les élégances du bel esprit s'alliaient à la cruauté la plus raffinée. La poésie devait refléter ces contrastes : les regrets amoureux du début d'une *Kaçideh* servaient souvent de prologue aux accents de la haine et de la vengeance. Dans l'ode qui passe pour son chef-d'œuvre, celle où Moslim célèbre la gloire de Yézîd ben Maziad vainqueur des Kharédjites, le passage le plus admiré était celui-ci :

Yézîd se jette dans la mêlée le sourire aux lèvres, quand la peur fait blémir la face de ses ennemis.

Il féconde la mort et lui donne une innombrable lignée de cadavres.

Brave autant que généreux, il abreuve ses hôtes de bienfaits, son épée du sang des hérétiques.

Il ne trompe pas l'attente des oiseaux de proie, les vautours le suivent et tourbillonnent au-dessus de sa tête, sûrs d'une abondante pâture ... [2].

Ailleurs il dit d'un autre guerrier :

Son butin, à lui, ce sont les têtes de ses ennemis; leurs femmes et leurs filles enchaînées servent de contrepoids à ce sanglant trophée [3].

Ces images violentes, succédant brusquement aux factices mais gracieux tableaux de la vie au désert, charmaient le khalife et l'auditoire d'élite auquel elles étaient destinées. La tradition classique leur donnait un attrait de plus, et elles étaient accueillies avec admiration par ces princes abbassides, avides de voluptés et de sang, qui avaient fait de cette antithèse une terrible réalité.

[1] C'est la troisième dans l'édition de Leyde.
[2] *Divân*, p. 2 et suiv.
[3] *Ibid.*, p. 216.

Devenu célèbre, comblé de richesses et d'honneurs, Moslim ne pouvait échapper à l'envie. Trois poètes qui occupent le premier rang dans l'histoire littéraire de ce siècle, Di'bil, Abou Nowas et Ibn Ḳanbar, se signalèrent par leur hostilité. Le premier lui devait cependant d'avoir percé l'obscurité et de s'être formé à ses leçons. Di'bil, plus jeune que Moslim de quelques années, avait été son élève, peut-être même son valet, mais sans gages. L'un et l'autre connurent la mauvaise fortune : il fut un temps où ils ne possédaient à eux deux qu'un manteau pour s'abriter pendant la nuit. Di'bil s'essayait alors timidement à la poésie : «Mon ami, lui disait souvent son maître, fais en sorte que le premier morceau que tu produiras en public soit achevé de tout point, afin qu'on te décerne dès son apparition le beau nom de poète. Si tu t'annonces par une œuvre imparfaite, quel que soit le mérite de ce que tu composeras plus tard, tu n'effaceras jamais la tache originelle [1]. »

Je ne sais si l'élève profita de ce sage conseil, mais à coup sûr il oublia les bienfaits de celui qui le lui donnait. Enclin de nature à ce genre de poésie que les Arabes nomment ﻬﺠﺎﺀ «la satire », Di'bil, plus redouté qu'admiré, exerça sa verve aux dépens du maître qui en facilitait l'essor : il ne recula pas même devant la calomnie. Lorsque Moslim fut désigné par Fadhl pour les fonctions importantes de chef du *Bérid*, Di'bil se rendit à Merou, résidence de Fadhl, et lui adressa un distique à double entente où il mettait en doute la loyauté du nouveau fonctionnaire. Cette manœuvre perfide échoua contre l'admiration sans bornes que Fadhl professait pour son poète de prédilection, mais elle brouilla à jamais les deux amis d'enfance et provoqua entre eux une guerre de pamphlets où Moslim, mieux doué pour l'éloge que pour la satire, ne paraît pas avoir eu l'avantage.

[1] Pièces annexes, p. ٣٣٣.

Avec Abou Nowas la lutte fut peut-être plus acharnée encore.
Abou Nowas est assurément le plus grand poète du siècle de
Haroun. Depuis longtemps sa supériorité a été mise hors de
conteste par M. Ahlwardt, le juge le plus autorisé en ce qui
touche la poésie arabe. N'eût-il produit que les *Khamriât*, et
nous savons que son *Divân* tout entier est à la hauteur de ses
odes bachiques, Abou Nowas mériterait la place d'honneur par
la puissance de son inspiration et la grâce merveilleuse de ses
vers. Assurément on ne saurait donner raison à un critique du
temps qui, en établissant un parallèle entre Abou Nowas et
Moslim, affirme que ce dernier n'excella que dans un seul genre
et qu'il n'eut qu'une corde à sa lyre; mais il est impossible de
nier la supériorité d'Abou Nowas, et Moslim lui-même, dans un
mouvement de franchise, n'hésita pas à la reconnaître. Il ne fut
pas payé de retour, Abou Nowas ne négligeant aucune occasion
de lui faire sentir son ascendant avec l'âpreté de langage qui
caractérise les querelles littéraires de cette époque. Un jour que
Moslim venait de réciter une pièce ou se trouvait un vers d'une
facture pénible et d'une harmonie douteuse, Abou Nowas l'apo-
stropha en ces termes : « Mon cher, si tu assommais ton auditeur
à coups de pierres sur la grand'route, ce serait pour lui un sup-
plice moins douloureux que d'entendre cette cacophonie [1] ».
Reproche absolument immérité s'il s'applique à l'ensemble des
œuvres du poète, mais qui donne la mesure des rapports qui
existaient entre ces beaux esprits.

Je n'insisterai pas sur l'interminable querelle entre Moslim
et Ibn Ḳanbar, bien que le *Livre des Chansons* y consacre plusieurs
pages où, comme de coutume, Abou'l-Faradj Isfahânî met bout
à bout plusieurs rédactions sans indiquer ses préférences pour
l'une d'elles. Il est d'accord avec Moberred pour dire que le

---

[1] Annexes, p. ٣٩٤. Le vers qui est l'objet de la critique d'Abou Nowas est le
15ᵉ de l'ode V: *Divân*, p. ٢٥.

dernier mot resta à l'adversaire de notre poète. Qu'on juge par ces quelques vers de l'acuité de leurs satires : c'est Ibn Ḳanbar qui parle :

Vois cet homme, quand on lui demande le nom de son père, la honte lui coupe la parole.

Mais, si tu insistes, si tu veux savoir quelle tribu est la sienne,

Il se borne à répondre : «Je suis l'adversaire d'Ibn Ḳanbar», comprenant que citer mon nom est le seul honneur qui puisse rejaillir sur lui.

Et dans un autre fragment :

Qu'on traîne Moslim devant l'émir des Croyants, que ses ennemis assouvissent leur vengeance dans le sang du plus criminel des hommes.

Soyez sans pitié en présence de son repentir, comme il fut sans pitié en insultant le Prophète [1].

Et dans cette guerre à mort, il y avait autre chose qu'une jalousie de métier ou une émulation de gloire. C'était la vieille inimitié de race qui se réveillait, la haine du Nord contre le Midi, du Hédjaz contre le Yémen, qui venait briser la trêve obtenue par l'ascendant de Mahomet et la sagesse de ses successeurs. Cette lutte héréditaire, on le sait, domine l'histoire politique des premiers siècles de l'hégire et en explique plus d'un épisode tragique. Si peu enclin à guerroyer que fût le génie de Moslim, ce qui nous reste de ses satires prouve qu'il n'y demeura pas étranger, et ici se place un détail curieux qui n'est malheureusement pas à son honneur. Un de ses amis était venu le prier de ne plus attaquer la famille de Khozaïmah, que, par esprit de caste, il avait cruellement outragée; il ne s'y résolut qu'avec peine, et quand, sur les instances de son interlocuteur, il promit de désarmer, il ajouta ces paroles significatives : «Mon cher, ne sais-tu pas qu'une satire est, pour qui sait en aiguiser

[1] Annexes, p. ٣١.

les traits, une source de profits plus abondante qu'un panégyrique flatteur? » On le voit, le chantage littéraire n'est pas de date récente; seulement, dans cet âge d'or, il se pratiquait à ciel ouvert. Au surplus, rien ne prouve que Moslim ait eu souvent recours à ce triste expédient de fortune, bien qu'il eût pu s'autoriser de précédents qui remontent jusqu'à la naissance de l'islamisme. Et d'ailleurs, avant de lui faire un procès en règle, il faudrait être sûr de l'authenticité de toutes les pièces qui portent son nom. Or nous avons de bonnes raisons d'en douter. Il est évident, par exemple, que certains morceaux, surtout la pièce XXIV et les suivantes, présentent avec les grandes odes du début un contraste frappant : la pensée en est banale, le style terne et lâché. Nous avons là peut-être quelques-unes de ces ballades anonymes dont on voulut plus tard assurer le succès en les mettant sous le couvert d'un nom célèbre. Nous savons aussi qu'il y eut au moins deux éditions du *Divân*. La première en date et la plus digne de confiance avait pour auteur le poète et critique du IVe siècle *Souli* (qui fut aussi le plus grand joueur d'échecs de son temps). Elle paraît à tout jamais perdue. Une seconde recension, celle à laquelle l'auteur de l'*Aghâni* a fait de nombreux emprunts est très différente du texte que nous avons sous les yeux. Plusieurs morceaux en l'honneur de Yézîd, de Fadhl, etc., cités partiellement dans le *Livre des Chansons* ne se trouvent pas dans le texte imprimé à Leyde. Veut-on une autre preuve de la prudence qu'il faut apporter dans cette question d'origine : qu'on lise l'anecdote de la page 231 où, sur quatre vers cités comme appartenant aux meilleures odes de l'auteur, un seul se retrouve dans l'édition de M. de Goeje. Ce n'est pas tout. D'après une tradition d'un caractère respectable, le poète à son lit de mort [1] écoutait la lecture de quelques-unes de ses

---

[1] La date de sa mort n'est donnée dans aucun des textes réunis comme pièces

productions. Effrayé de la hardiesse avec laquelle il avait cé-
lébré les charmes de l'amour et de la boisson défendue par le
Ķoran, il arracha la copie que son secrétaire ou un rapsode,
venu pour la compléter, tenait à la main, et la jeta dans la ri-
vière de Djordjân, « de sorte, ajoute le narrateur, que presque
toutes ses compositions furent perdues, et qu'on ne peut considérer comme siennes que les pièces dédiées à des personnages
historiques, lesquelles furent conservées dans les archives de
famille ». Si ce récit est vrai, et la source d'où il émane ne
peut guère être révoquée en doute, il faudrait éliminer comme
apocryphe près d'un tiers du *Divân*, notamment les vers de
circonstance, chansons d'amour, etc., qui ne sont accompagnées
d'aucun commentaire, et dont le style relativement faible cor-
robore cette hypothèse. On arriverait de la sorte, pour un poète
du IIe siècle de l'hégire, à la même fin de non-recevoir que
M. Ahlwardt oppose à une partie des œuvres attribuées à six
poètes de l'âge héroïque [1].

Néanmoins, ce qui, dans l'œuvre de Moslim, a conservé un
caractère d'authenticité incontestable suffit pour permettre de
l'apprécier en connaissance de cause et de déterminer l'influence qu'il a exercée sur l'évolution de la poésie arabe. C'est
par là que je terminerai. Un critique qui, par son amour ex-

---

annexes par M. de Goeje. Il est probable que Moslim était encore dans l'exercice
de ses fonctions et qu'il cessa de vivre au commencement du IIIe siècle de l'hégire.
On raconte que quelques moments avant d'expirer, il jeta les yeux sur un magnifique palmier qui se dressait non loin de sa demeure et improvisa ce *beït :*

الا يا نخلةُ بالسفحِ من اكنافِ جُرجانِ   الا اني وايّاك بجرجانَ غريبانِ

« Palmier qui es situé dans la plaine voisine de Djordjân, | tu es comme moi un
étranger dans ce pays. »

Annexes, p. ٢٧٦. Voir aussi *Mo'djem*, t. II, p. 50, et un vers d'un sentiment analogue dans *Prairies d'or*, t. IV, p. 220.

[1] Voir *The Divan of the six ancient Arabic poets*, préface, p. XXVII.

clusif de l'ancienne poésie, peut être considéré comme un *lau-dator temporis acti*, tel qu'il y en eut à toute époque et dans tous les pays, — un certain Ibn Michkeweïh, — considère Moslim comme l'inventeur de ce style poétique de faux aloi que les rhétoriciens nomment *badi*ʿ et *latif*, le style à facettes, plein d'antithèses, de jeux d'esprit et d'images forcées. Ibn Michke-weïh en conclut que Moslim introduisit en littérature un germe de corruption qui, développé par Abou Tammam, son élève, précipita la décadence de la vraie poésie.

Sous cette forme absolue, une pareille appréciation n'est pas acceptable. Abou Tammam professait, il est vrai, pour Moslim et Abou Nowas un culte qui allait jusqu'à l'idolâtrie. On raconte qu'il fit serment de ne plus accomplir les cinq prières obliga-toires de chaque jour avant d'avoir appris par cœur les œuvres principales de ses deux maîtres, ce qui lui coûta deux mois de travail acharné. Un de ses amis le trouvant, un jour, absorbé dans la lecture d'un manuscrit et lui demandant quel en était l'auteur, Abou Tammam répondit : « Ce sont les idoles Ellât et ʿOzza que j'adore et qui me font oublier le culte dû à Allah! » Le poète Bohtorî, son rival, se gardait bien, peut-être à cause de cette rivalité, de formuler son admiration avec un enthou-siasme aussi risqué dans la bouche d'un musulman. Sans mécon-naître les rares mérites de Moslim, il le mettait au-dessous d'Abou Nowas pour la richesse de l'invention et l'éclat du style; mais, lui aussi, allait trop loin et niait les droits de la critique en ajoutant que, pour parler de poésie, il fallait être soi-même poète. El-Amedî, auteur d'un livre très curieux intitulé *Parallèle entre Abou Tammam et Bohtorî* [1], se montre plus impartial. Selon lui, le genre nouveau dont on attribue injustement l'introduc-tion à Moslim aurait une origine plus ancienne, et il prouve par

---

[1] Ce document, si intéressant pour l'histoire de la littérature arabe, a été publié à Constantinople en 1288 (1871).

de nombreux exemples qu'on en retrouve les indices dans les poètes de la *djahèlyèh* et jusque dans le Ķoran. El-Amedî reconnaît cependant que Moslim a contribué à propager le style *badí* et que par là il a pu être considéré comme le premier poète de la décadence. Ibn Rachiķ, dont le traité intitulé *El-ʿOmdah* atteste l'érudition et le goût de son auteur, est encore plus précis dans ses assertions; il assure que plusieurs bons critiques font remonter jusqu'à Bechar ben Bourd et à Haramalı ﻣﺣﺮﻳﺔ les premières tentatives de la nouvelle école.

Pour nous, Messieurs, il ne peut y avoir ni école, ni précurseurs. L'évolution s'est accomplie d'elle-même, en vertu d'une loi historique; elle est la conséquence naturelle des modifications profondes que l'islamisme et une civilisation nouvelle empruntée à la Perse et à Byzance ont fait subir au génie sémitique. Dans une de ses thèses brillantes où il étudie avec une rare pénétration l'époque de transition qui sépare le paganisme arabe de la société issue du Ķoran [1], notre savant et cher confrère M. J. Goldziher a bien fait ressortir les causes de cette évolution. Il a montré comment la réaction contre les pastiches de la vieille poésie s'est produite, timide d'abord sous les premiers Abbassides, puis énergique et triomphante dès la fin du iiie siècle. Djerîr, Farazdaķ, El-Ahţal ont donné le premier signal de l'affranchissement; leurs héritiers, et Moslim est un des plus remarquables, ont fait un pas de plus. Un siècle plus tard, le vieux moule était brisé et la révolution accomplie. Si, dans les âges suivants et jusqu'à nos jours, les tendances de retour aux formes anciennes ont reparu dans des œuvres de circonstance, ordinairement d'un caractère officiel, ce ne sont que des exercices de rhétorique dont le ridicule ne trouve plus de défenseurs même parmi les plus fidèles partisans du passé. Moslim

[1] *Alte und neue Poesie im Urtheile der arabischen Kritiker* (dans le premier fascicule des *Abhandlungen*, p. 122-174).

marcha avec son siècle, peut-être un peu plus vite, mais sans songer jamais à se donner pour novateur ni réformateur.

Quelle que soit la part qu'il faille faire aux atteintes du temps, à la mauvaise foi ou à l'ignorance des copistes, il n'en reste pas moins avéré que le *Divân de Moslim,* en tant que document pour la culture littéraire et l'histoire de la civilisation musulmane, aussi bien que comme texte d'étude philologique, est une œuvre de grande valeur. Ce livre marque une date entre l'inspiration vraiment originale à laquelle nous devons les *Mou'allaḳât* et l'introduction du goût persan qui, en franchissant les limites de l'Iran, a porté un souffle de corruption et de mort dans le génie de la race de Modhar et de Yoḳṭan. Maintes fois, dans mes leçons au Collège de France, j'ai trouvé l'occasion de rapprocher les *Ḳaçideh* de Moslim des grands fragments poétiques de l'âge anté-islamique. Je suis persuadé qu'une source abondante de renseignements jaillirait de ce travail de comparaison, s'il s'étendait aux principaux poètes des siècles suivants, au moins jusqu'au viie, date de la décadence irrémédiable. C'est là surtout qu'il faudrait chercher les matériaux d'une histoire raisonnée de la littérature arabe, qui reste un des plus regrettables desiderata de nos études. Tel est aussi le mérite du vieux poète dont je vous ai entretenu, et à ce titre, Messieurs, j'espère que vous voudrez bien excuser les imperfections et les lacunes d'une notice qui a essayé d'en évoquer le souvenir.

COMMUNICATION

SUR

LE LIVRE D'IBN AL-MODJÂWIR,

PAR

M. DE GOEJE.

———•———

Le livre d'Ibn al-Modjâwir contient une description de la Mecque et de l'Arabie méridionale et a été mis en écrit un peu avant 630 de l'hégire. L'honneur d'avoir reconnu le premier l'importance de cet ouvrage revient au digne président de la présente séance du Congrès des Orientalistes, M. Schefer, qui de son séjour en Orient en rapporta une copie. Feu M. Sprenger parlant de ce livre dans la Préface de ses *Post und Reiserouten*, p. xxiv, écrivit : « Es gedeiht dem Herrn Schefer zur grösster Ehre, dass er gerade Werke, welche so wichtig sind für die Kulturgeschichte wie dieses und das Kitâb al-Charâg' (il veut parler du livre de Kodâma) mit nach Europa gebracht hat. Solches sind äusserst seltsame Schätze, und wohl nur in Konstantinopel zu haben. » M. Schefer ayant mis son exemplaire à la disposition de Sprenger, celui-ci donna quelques détails sur ce livre dans sa Préface et en fit un large usage dans le chapitre sur l'Arabie. Il le décrit en ces paroles : « Ibn al-Modjâwir avait parcouru la plupart des pays qu'il décrit, mais il joint à ses propres observations, parfois très détaillées, celles de contemporains qu'il cite ordinairement avec nom et date. Son ouvrage ressemble beaucoup à nos livres de touriste. L'auteur ne commence pas par la division du pays pour en décrire province après province, mais il suit une route, donne les distances, note à chaque station tout ce qu'il y a de remarquable, parle

des mœurs et coutumes des habitants et en raconte l'histoire et
les légendes locales. Ces dernières lui paraissent mériter d'autant plus de foi qu'elles sont plus miraculeuses. Sa connaissance
de l'histoire ancienne est très bornée, car Ibn al-Modjâwir
n'était pas un savant, mais il connaissait bien l'histoire de son
siècle et du précédent, et il nous donne un clair exposé de la
triste condition où se trouvait alors l'Arabie méridionale. Ses
connaissances sont celles qu'on pouvait obtenir en bonne société
par tradition orale, car les seules sources écrites qu'il cite sont
les deux histoires de Zabîd, mentionnées par Hâdjî Khalîfa,
nᵒˢ 12,641, et dont il attribue la seconde à Abou Alî Omâra ibn
Mohammed ibn Omâra. — Le livre emprunte sa valeur principalement à ce fait que l'auteur n'était pas un lettré, car, ayant
puisé à la vie, il nous introduit dans la vie. Il donne une masse
de détails intéressants sur les pays et les peuples, qu'un savant
de profession n'eût pas jugés dignes de son attention. Comme la
littérature musulmane consiste presque entièrement en érudition scolaire aride (*dürrer Schulkram*), je ne connais qu'un
seul auteur arabe, je veux parler d'Al-Mokaddasî, qui à cet
égard puisse être comparé avec notre auteur, mais celui-là
même est surpassé en richesse de détails par Ibn al-Modjâwir. »

Le jugement de Sprenger sur la littérature musulmane, en
général, est par trop sévère, et Ibn al-Modjâwir n'était pas si
illettré qu'il le pense. Outre l'histoire de Zabîd par Omâra,
dont nous possédons à présent une assez bonne édition grâce à
M. Kay, Ibn al-Modjâwir cite l'Histoire de la Mecque par Al-Fa-
kihî, dont M. Wüstenfeld a donné des extraits dans sa *Chronica
Meccana,* le commentaire sur le Korân de Abou Abdallah
Mohammed ibn Abdallah al-Kaisânî, les lexiques d'Ibn Fâris et
d'Al-Djauharî. Dans le chapitre sur l'Oman, il donne un extrait
de l'ouvrage d'Istakhrî qu'il cite sous le titre d'*Al-Masâlik wa'l-
Mamâlik second,* ajoutant qu'il doit s'abstenir d'autres citations

de peur que son livre ne devienne par trop volumineux. Son
récit est entresemé de vers non seulement arabes, mais aussi
persans. Une partie des derniers est de l'auteur lui-même. Il
y en a qui ont été si maltraités par les copistes, qu'il semble
impossible de les restituer.

Mais, prise dans son ensemble, la caractéristique que Sprenger a donnée de l'auteur et de son ouvrage est excellente. Aux
extraits qu'il en a communiqués comme preuves de ce qu'il avait
avancé, je me permettrai d'ajouter quelques autres. Dans le chapitre sur la Mecque, l'auteur dit que les noces y sont célébrées
ordinairement le 10 de Moharram. Les fiançailles ont eu lieu
dans le cours de Dhou'l-hiddja, mais c'est à la date indiquée que
le futur époux entre chez sa fiancée dans ses meilleurs habits et
en toute pompe. Un Mecquois en donna à l'auteur l'explication
suivante : « Chacun de nous, dit-il, partage la vie des pèlerins
en toutes choses, licites ou illicites. Mais, après le départ des
pèlerins, nous avons une période de fiançailles et de noces, de
festins et de joies. » On sait que, depuis plusieurs siècles, le
pèlerinage constitue la source principale des revenus des habitants et qu'ils ne dédaignent aucun moyen pour vider les
bourses des visiteurs de la maison de Dieu. M. Snouck Hurgronje
a raconté là-dessus bien des détails curieux dans son admirable
ouvrage sur la Mecque. Ibn al-Modjâwir continue : « Lorsque le
Mecquois qui va se marier a payé la dot et désire consommer
le mariage (le *dokhoul*), il se teint les mains et les pieds de
hennè, comme cela se fait aussi au Yémen et au Hadhramout,
et sort accompagné de tous ses amis et parents, un papier à la
main où se trouve consigné en poids et valeur tout ce qu'il
reçoit en cadeaux de noces. Chacun donne selon ses moyens
et porte son cadeau au-devant du fiancé. La future épouse, de
même, reçoit des présents de ses amies et parentes. Le fiancé
se rend avant tout au temple, fait les sept tournées de la Ka'ba,

prie deux rek‘a près du Makâm Ibrâhîm, baise la pierre noire, puis sort précédé de chandelles de cire pour se rendre à la maison de la fiancée, où le dévoilement a lieu suivi du dokhoul. Le jeune époux reste sept jours chez sa femme; le septième, il transporte tout ce qui lui a été donné, littéralement tout ce qui lui a été jeté — on l’appelle le *tare* (الطرح), — et qui lui servira de capital pour ouvrir une boutique. Mais pour tout ce qu’il a reçu, il reste débiteur aux généreux donateurs, car tous les invités, en célébrant leurs propres noces, attendent de lui un cadeau au moins de la même valeur. C’est là la coutume dans toutes les contrées du Yémen. » Ibn al-Modjâwir, parlant des habitants du Nejd du Yémen, raconte qu’à l’occasion des épousailles la jeune femme reçoit de toutes ses amies et voisines des sacs de farine, de sawîk et de raisins secs, de sorte qu’elle ait des provisions pour plusieurs semaines; mais, à son tour, elle devra apporter aux noces des autres un cadeau de même valeur. M. Snouck Hurgronje ne parle pas de cet usage, mais je ne voudrais pas conclure de son silence qu’il n’existe plus aujourd’hui, parce qu’en certaine mesure le *do ut des* règne un peu partout.

Dans le chapitre sur Zabîd, l’auteur raconte qu’on y trouve les mêmes cérémonies de mariage et la même coutume des cadeaux qu’à la Mecque. «La femme qui a donné un présent de noces en reçoit un semblable à l’occasion d’un mariage dans sa propre maison; la même réciprocité s’observe à l’égard des cadeaux donnés à l’occasion de naissance ou de circoncision. » Citant l’autorité de son oncle Ahmed ibn Mas‘oud, il ajoute : «Il n’y a rien qui tende tellement à dépraver la moralité des femmes que cette coutume de *tare*. Car les femmes sont formellement obligées de repayer en cadeaux ce qu’elles ont reçu, et souvent, n’ayant pas d’autres ressources pour se procurer l’argent

nécessaire, elles sortent secrètement et se font payer leurs faveurs. »

Anciennement, dit l'auteur, les hommes à la Mecque ache-
taient des esclaves qu'ils obligeaient à leur rapporter chaque
jour une certaine somme, produit de leur travail; pour le même
motif, les femmes tenaient des filles esclaves qui se prostituaient
pour pouvoir satisfaire aux exigences de leurs maîtresses. On
ne considérait pas cela comme malhonnête. Nous lisons de plus
d'une matrone qu'elle avait eu jadis une enseigne (رايــة), comme
par exemple Az-Zarkâ, la grand'mère de Merwân ibn al-
Hakam [1], et Abdallah ibn Obay est dit avoir eu six esclaves
qu'il forçait à se prostituer. Une de celles-ci s'étant plainte auprès
du Prophète, le verset du Koran fut révélé (xxiv, vs. 33) : « Ne
contraignez pas vos jeunes femmes à la débauche, si elles pré-
fèrent la chasteté, afin d'obtenir les biens de ce monde. » Malgré cette défense, dit l'auteur, l'usage ancien continua d'être
exercé à Aden tant par des étrangers que par les habitants
eux-mêmes.

« Les femmes de Zabîd, dit Ibn al-Modjâwir, se font un point
d'honneur de ne pas accepter de dot, et nomment celles d'entre
elles qui la prennent « haïssables » (مكروكة). Car, disent-elles,
si son premier mari ayant payé la dot lui donne son congé, un
second aura peu d'envie de l'épouser, de peur qu'elle ne prenne
sa dot comme celle de l'autre. Souvent aussi le mari n'a pas
les moyens de payer la dot et se voit obligé de retenir la femme
qu'il déteste. C'est pourquoi, quand une femme est demandée
en mariage, ses voisines lui donnent le conseil de ne point
attendre que son époux désire la répudier et s'apprête à lui payer
la dot. Au contraire, elle doit préparer la dot pour son mari
si elle ne l'aime plus, et quitter sa maison. » Pour bien com-

---

[1] *Fachrî*, éd. Ahlw., p. 144.

prendre ce passage, il faut savoir que chez les Musulmans la
dot est une certaine somme que l'homme doit payer à sa future
épouse, qui l'emploie ordinairement à l'achat des meubles, etc.,
qui restent sa propriété et qu'elle emporte en cas de divorce.
Souvent aussi la dot entière n'a pas été payée d'avance, mais
le mari reste débiteur pour un certain montant, et ne pourra
reconquérir sa liberté qu'après s'en être acquitté. Or il y a
des dames qui, après avoir touché la dot, savent se faire tellement désagréables à leurs maris, que ceux-ci laissent échapper
la parole fatale du divorce. C'est un des moyens dont ces dames
se servent pour se procurer un petit capital qu'elles augmen-
tent par d'autres liaisons. M. Snouck Hurgronje a donné, dans
son livre, des renseignements très curieux sur cette matière. Il
n'y a qu'un passage dans la communication d'Ibn al-Modjâwir,
qui semble difficile à expliquer, c'est le conseil donné par les
voisines à la future épouse de préparer la dot pour son mari.
Elles veulent probablement que la femme présente à son mari
le montant de la partie payée de la dot en y ajoutant une certaine somme pour obtenir de lui le *talak* (divorce), moyen qui
est souvent employé par les femmes riches pour se débarrasser
d'un mariage qui ne leur plaît plus.

Un autre extrait que je veux donner parle des habitants du
Sarw, contrée montagneuse entre Tâif et Tabâla qui fait
partie de la grande chaîne de montagnes dite *As-Sarât*. Ibn al-
Modjâwir appelle les habitants de l'Asir actuel «les bestiaux»
(البهيمة), et on peut lire chez Sprenger (p. 132) quelques
détails sur les mœurs de cette tribu. Yacout (III, 87, l. 1) donne
le même titre aux Badjîla du Sarw, qu'il appelle «barbares, qui
vivent comme les bêtes sauvages». La contrée qu'ils habitent
est très fertile, et c'est d'eux que les villes saintes, surtout la
Mecque, reçoivent la plus grande partie de leurs provisions

en céréales, en beurre, miel et fruits. Les Mecquois disent :
« L'Irâk par ses pèlerins est notre père qui nous procure l'or,
le Sarw est notre mère qui nous fournit notre nourriture. » Ce
qui nous frappe surtout dans le récit d'Ibn al-Modjâwir sur
ces tribus, c'est le manque total de cette jalousie à l'égard des
femmes qu'on considère ordinairement comme une caractéristique de tous les Arabes. La véracité des communications d'Ibn
al-Modjâwir sur ce sujet est confirmée par ce que M. le comte
de Landberg nous apprend, dans la quatrième livraison de
ses *Arabica* (p. 26 et suiv., 35), sur la très lâche moralité des
tribus arabes du Yémen. Sans cela on serait tenté d'accuser l'auteur arabe d'avoir exagéré ou d'avoir généralisé des faits isolés
والله اعلم. — Ibn al-Modjâwir nous dit que le pèlerinage des Badjîla consiste dans une visite au sanctuaire de la Mecque (ʿomra)
au commencement de Redjeb, ajoutant que le khalife Omar
leur a garanti que cette visite leur tiendrait lieu d'un pèlerinage complet. Quand on lit chez Ibn Djobaïr (p. 132 et suiv.) la
description de la ferveur impétueuse avec laquelle ces Arabes
font leur dévotion dans le temple, envahissant tout le terrain,
foulant tout sous leurs pieds, déchirant les voiles de la Kaʿba,
tombant pêle-mêle les uns sur les autres dans leur pieuse ardeur
pour entrer dans le sanctuaire, on ne saurait qu'admirer la
sagesse de Omar, qui jugeait qu'une seule visite suffisait et
que les autres pèlerins n'auraient pas de chance s'ils devaient
avoir ces serviteurs de Dieu à leurs côtés. Les Mecquois les laissent faire, car ils font avec eux d'excellentes affaires, payant
toutes les denrées qu'ils apportent avec des pièces d'étoffe, des
manteaux de bédouin, des fichus, etc. Ibn Djobaïr dit que ces
Badjîla tiennent pour certain que s'ils manquaient d'apporter
les produits de leur pays à la ville sainte, ils seraient frappés
de maladie des bestiaux et d'autres fléaux, tandis qu'un bon
approvisionnement des Mecquois leur portera la bénédiction

du ciel et d'abondantes récoltes. C'est pour cette raison que, si
les hommes tardent à partir, les femmes les y poussent. Il est
remarquable que, pour les Arabes du sud, le mois de Redjeb a
continué d'être le mois sacré par excellence. Ibn Djobaïr (p. 128)
atteste de même que les habitants de la Mecque considèrent
une 'omra faite en Redjeb comme l'équivalent (littéralement
« la sœur ») d'une station à 'Arafa.

On ne connaît actuellement que trois manuscrits de l'ouvrage
d'Ibn al-Modjâwir. Celui de M. Schefer est la copie d'un manuscrit qui se trouve à Constantinople. Un second exemplaire
appartient à M. le colonel S. B. Miles, de l'état-major de Bombay; un troisième a été acquis dernièrement par M. le comte
de Landberg. Le manuscrit du musée Britannique, Add. 25,603
(Catal. 689), n'est qu'une copie du manuscrit de M. Schefer
faite par Playfair. Le titre de l'ouvrage est, selon les manuscrits
de MM. Schefer et de Landberg, *Tarikh al-Mostansir*, selon
celui de M. Miles, *At-Tarikh al-Mostabsirî;* mais M. Miles a
écrit au-dessous : *The Tarikh El-Mostansir.* Les deux manuscrits de MM. Schefer et Landberg nomment l'auteur Djamâl
addîn Abou'l-Fath Yousof ibn Yakoub ibn Mohammed surnommé Ibn al-Modjâwir as-Schaïbânî ad-Dimashkî. Dans celui
de M. Miles, son nom est Mohammed ibn Yakoub as-Shâmî
d'origine (اصل), al-Baghdâdî de domicile (سكنا). Aucun des
deux ne peut être exact. Car dans le chapitre sur Bab al-Mandeb
l'auteur nomme son frère Ahmed ibn Mohammed ibn Mas'oud,
dans celui sur Schibâm, son père Mohammed ibn Mas'oud ibn
Alî ibn Ahmed ibn al-Modjâwir al-Baghdâdî an-Naïsabourî;
de plus il cite une seule fois son oncle Ahmed ibn Mas'oud, et
souvent Raihân, l'affranchi de Alî ibn Mas'oud ibn Alî. Nous
avons donc la certitude que le père de l'auteur s'appelait Mohammed ibn Mas'oud ibn Alî. De l'autre côté, il est évident

que le rédacteur et l'auteur véritable ne sont pas la même personne. Car, sans compter qu'on trouve presque à chaque page : «Ibn al-Modjâwir dit», il y a deux fois «le narrateur (الراوى) dit», une fois «le narrateur ne se souvenait pas du nom» (شذّ علي الراوى اسمها), et une quatrième fois, où il est question d'anciens tombeaux : «Ibn al-Modjâwir n'a pas su vérifier si ces tombeaux étaient des tombeaux de Musulmans ou d'autres.» Si nous supposons que le nom du titre des manuscrits de MM. Schefer et Landberg «Djamâl addîn Abou'l-Fath Yousof ibn Yakoub ibn Mohammed» était celui du rédacteur et fils de l'auteur, le nom de celui-ci sera Yakoub, et le Mohammed ibn Yakoub dans le titre du manuscrit Miles sera une faute de copiste pour Yakoub ibn Mohammed.

Nous ne savons sur la famille de l'auteur que ce que nous pouvons déduire des noms cités. Le père, originaire de Naïsabour, mais de souche arabe de la tribu de Schaïbân, paraît avoir demeuré d'abord à Bagdad, puis à Damas; le fils, c'est-à-dire l'auteur du *Tarîkh al-Mostansir*, d'abord à Damas, où son fils le rédacteur de l'ouvrage est né, puis à Bagdad. Le surnom d'Ibn al-Modjâwir paraît avoir été porté par tous les trois. Un des aïeux de l'auteur, peut-être Mas'oud, aura résidé quelque temps à la Mecque, ce qui lui valut après son retour le titre honorifique d'*Al-Modjâwir*. L'auteur ne nous apprend rien sur lui-même, si ce n'est qu'il a été à Moultan de l'Inde et qu'il retourna de Dayboul à Aden en 6ı8. Puis il a voyagé en Arabie jusqu'en 6ı7 environ, la dernière date que j'ai trouvée dans son livre. Il connaît quelque chose de la mythologie indienne; dans le chapitre sur Aden, il fait mention de démons (*ifrît*) indiens, dont l'un, ayant la forme d'un singe, est évidemment Hanouman. Feu mon ami Sprenger m'exprima plus d'une fois son désir de me voir publier une édition de ce livre dans ma *Bibliotheca*

Geographorum. Il y a trois ans, je croyais avoir le temps d'y
satisfaire, et M. Schefer, avec sa libéralité connue, voulut bien
me confier son manuscrit. En même temps, je m'adressai à M. le
colonel Miles, résidant alors à Udaipûr en Rajputâna, qui n'hésita pas non plus à m'envoyer le sien. Avec ces deux manuscrits,
j'essayai de constituer un texte, mais lorsque j'eus copié environ la moitié du livre, d'autres occupations m'empêchèrent de
continuer. Je pensais pouvoir reprendre le travail en automne,
mais, sur ces entrefaites, M. de Landberg a acquis un troisième manuscrit et annoncé son intention d'éditer le livre.
Je lui cède cette tâche très volontiers, car M. de Landberg, qui
a étudié la géographie du Yémen sur les lieux et qui a les
moyens de se procurer tous les renseignements nécessaires,
saura restituer les véritables leçons de tous ces noms propres
et découvrir le sens de plus d'un passage obscur, tandis que
moi-même, obligé de me servir d'adminicules souvent très
faibles, je courrais le risque d'admettre parfois de mauvaises
leçons et de placer trop de points d'interrogation. M. de Landberg dit que son manuscrit a été fort maltraité par les copistes.
Je ne le connais pas encore, mais s'il n'est pas beaucoup
meilleur que celui de M. Schefer, une édition du livre ne
pourra être que très imparfaite, même avec les ressources dont
M. de Landberg peut disposer. Il y a, spécialement dans la
dernière partie, beaucoup de lacunes dans les deux manuscrits
que j'ai étudiés, et les copistes ont assez fréquemment sauté des
mots ou des lignes entières sans s'en apercevoir. Sprenger dit,
dans la Préface de son ouvrage cité, qu'Ibn al-Modjâwir s'efforce
parfois à écrire avec élégance et grammaticalement, mais qu'il
n'y réussit que rarement. Sans vouloir contester la justesse de
ces paroles, je dois faire remarquer qu'il n'est pas toujours
facile ou même possible de décider si les fautes contre la grammaire sont attribuables à l'auteur lui-même, ou bien aux copistes,

vu que souvent là où le manuscrit de M. Schefer porte une
forme inexacte, celui de M. Miles donne une meilleure leçon,
souvent aussi les deux manuscrits ont des leçons ingrammati-
cales, mais différentes. Voilà pourquoi l'acquisition d'autres
manuscrits est fort désirable, et le but principal de ma communication présente est un appel à mes confrères afin qu'ils aident
soit M. de Landberg, soit moi-même à en découvrir.

NOTE

ON AN OBSCURE ARABIC WORD

IN MS. OF PTOLEMY,

AL-SUFI AND OTHER DERIVATIVE ARABIC MSS.,

BY

E. B. KNOBEL.

———◆———

In the Greek Almagest Ptolemy describes the color of six different stars, Arcturus, Aldebaran, Pollux, Antares, Betelgeuse and Sirius, by the word ὑπόχιρρος, all these stars, with the exception of Sirius, being reddish or yellowish in color.

In certain Arabic mss. of Ptolemy and in all mss. of Al-Sufi, also in mss. of Nassir Eddin, I have found that the word ὑπόχιρρος is rendered by the phrase يضرب الي الحوصي with variants of certain letters.

The earliest known latin Almagest was translated from the Arabic by Gerard of Cremona (A. D. 1114-1187). He evidently found the same sentence يضرب الي الحوصي in the mss. he employed which he translated by « tendit ad rapinam ». No justification for the translation of حوصي by « rapina » appears possible. There can be no doubt that the meaning of حوصي or حوصي should be yellowish, or reddish, but in no dictionary is any such word to be found indicating such colours, and having submitted the question to the most capable scholars in France, England and even in Cairo, I am unable to obtain any satisfactory explanation.

The following are the complete sentences in the descriptions of two stars in the Arabic Ptolemy and in Al-Sufi :

Antares and Scorpii.

الوسط منها الذي يضرب الي الحوصي ويقال له قلب العقرب

The middle one of them which «inclines» to? is named Cor Scorpionis.

Betelgeuse and Orionis.

النير الذي علي المنكب الايمن وهو يضرب الي الحوصي

The bright star which is on the right shoulder which inclines to?

In mss. at the Bibliothèque nationale, the British Museum, the Bodleian Library and elsewhere there are variants of the word, which is sometimes written with خ instead of ح and ض instead of ص; in some cases the ي is omitted.

The most obvious suggestion is that the word is الحوص, but this means «greenish» and cannot possibly represent ὑπόκιρρος. But the very interesting and remarkable Arabic ms. of the Almagest at the British Museum (Add. Mss. 7475) A. H. 615, which differs in many respects from all other known mss. of the Almagest, gives the above sentences as follows :

Antares and Scorpii.

الكوكب الاوسط منها وهو قلب العقرب وهو شمعي ويسمي بالرومي انطرس

The middle star of them, and it is Cor Scorpionis, and it is wax-like, and is named in Greek «Antares».

Betelgeuse and Orionis.

الكوكب المضي الشمعي الذي علي المنكب الايمن

The bright star wax-like, which is upon the right shoulder.

There the designation of colour is indicated by the word شمع « wax » and the same word is used in this ms. in two other ins-tances for the greek ὑπόχιρρος; and the words يضرب الي لخوصي are not anywhere the found in the ms. It is clear that Gerard of Cremona must also have found the word شمع in the ms. he examined, as in two instances he has appended the words « et est cerea ». There is no doubt that there is here a clear signi-fication of yellowish colour.

The late M. d'Abbadie was kind enough to submit the ques-tion to the teachers of the Al-Azhar Mosque at Cairo, who re-turned for answer that none of the readings were real Arabic. Our Vice-President, M. Barbier de Meynard, has also been so kind as to give some attention to the question, but without re-solving the difficulty. M. d'Abbadie advised me to submit the question to natives in Arabia, and in a letter he said : « I can support this notion of mine by an example. Fifty years ago there were two friends who knew more Arabic than any untra-velled Orientalist, viz : Lane (English) and Fresnel. The latter who was a Frenchman told me at Jiddah that he had learnt only in the Red Sea the pure Arabic word for « pilot ». On my expressing any surprise that such a common word was not in either of the two huge native dictionaries, Fresnel added that he could point out many current expressions not found in those works. »

I beg to submit the question to the Congress in the hope that they may be able to afford some elucidation of the word.

DI UN VASO ARABO

POSSEDUTO DAL SIGNOR MARCHESE ALFIERI DI SOSTEGNO,

SENATORE DEL REGNO D'ITALIA [1],

NOTA DI

IGNAZIO GUIDI.

————◆————

Il bellissimo vaso che forma il soggetto di questa breve communicazione, fu esposto al palazzo Riccardi in Firenze nella mostra che vi si tenne, in occasione del IV° Congresso internazionale degli orientalisti, e così è descritto nel catalogo della detta mostra [2] :

Vaso di cristallo azzurro con ornamenti e figure a smalto e iscrizioni arabiche in cufico e in nasḫī. Manifattura, com'e' sembra, di Siria, del XIII o XIV secolo. Esposto dal Marchese Carlo Alfieri di Sostegno, Senatore.

Eccettuata questa brevissima notizia, nulla, che io sappia, è stato pubblicato intorno a questo vaso. Esiste però una lettera dall'Amari diretta, in data del 30 Maggio 1861, al nobile proprietario, nella quale si deciferano in gran parte le iscrizioni. Io non ho potuto rivedere ed esaminare il vaso originale che è a Firenze, ma ho avuto delle fotografie fatte sotto la direzione del chiaro orientalista Sign. Guy Le Strange, le quali basterebbero pienamente per la lettura delle iscrizioni, se la montatura in metallo, colla quale il vaso è stato rivestito, non coprisse

---

[1] Il Marchese Alfieri di Sostegno è morto, con generale compianto, il 19 Dicembre 1897, e, per suo lascito testamentario, il vaso è ora posseduto da S. M. la Regina d'Italia.

[2] Cf. *Bollett. Ital. di Studi orient.*, N. Serie, p. 227. L'altezza del vaso è di 0,375, la circonferenza, nella parte più larga, compresa la montatura, 0,65; il diametro della bocca, compresa la montatura, 0,10.

qualche parola della leggenda[1]. Questa montatura rende il vaso doppiamente singolare e pregevole.

Nella fascia della montatura, che gira attorno alla parte più larga del vaso, corre la seguente iscrizione latina divisa in 12 parti :

VNI | CVI | QVE | DE | LEC | TAB | ILE | EST | IL | LVD | AM | AT |

In ciascuno dei due lati, sopra questa fascia, vedesi la graziosa figura di un angelo colle ali e le braccia aperte e sostenente colle mani una striscia, come quelle, fornite di alcuna scritta, colle quali sono spesso figurati gli angeli. Dietro queste figure comincia il manubrio, il quale è composto, prima di due asticelle esagone, che ad una estremità sono fissate con un perno, dietro le figure degli angeli; un dischetto, che chiude il perno dalla parte anteriore, cuopre il petto dell' angelo; all' altra estremità queste due asticelle hanno attaccate due catenelle le quali, in fine, sono riunite da un'asta orizzontale che forma il vero manubrio. Sopra le asticelle esagone corre un' iscrizione tedesca divisa in 4 parti, delle quali due sono scritte sopra due lati di un' asta e due sopra due lati dell' altra. L'iscrizione dice; SCHENCKE VNS : EIN LAS : TRINCKEN KVOLLEN WEIN KLAR VND FEIN. Sul coperchio che chiude la bocca del vaso vedesi un' arma gentilizia che ha nel mezzo un' aquila ad ali spiegate.

Le eleganti figure degli angeli e lo stile di tutta la montatura, come la forma delle lettere, dimostrano che è opera del xv secolo.

Sotto a questa montatura è il vaso arabico di cristallo, sul quale sono state tracciate a smalto tre iscrizioni, una sul collo del vaso, un' altra poco sotto alla prima, e la terza nella parte

[1] In seguito ho avuto occasione di esaminare il vaso stesso, ma non ho potuto leggere quasi nulla più di quello che vedesi nelle fotografie.

VASO DELLA CATTEDRALE DI FERMO.

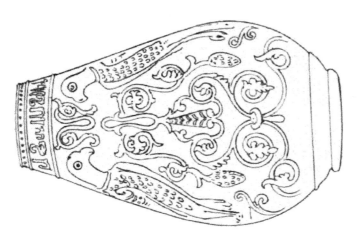

inferiore. Adornano il vaso le eleganti figure di tre pavoni ed altri graziosi arabeschi a varî colori.

Delle tre iscrizioni menzionate, la prima è in caratteri cufici e dice :

عز لمولانا الملك السلطان

Le altre due iscrizioni sono in nashî, e ambédue ripetono, press' a poco, le medesime parole; ecco il tenore della prima [1] :

عز لمولانا [السلا]طان الملك العالم [م العاد]ل الجاهد المرابط ال[مو]ايد المنصور]

سلطان [الاس]لام والمسلمين قامع [الكفرة] والمشركين محيى العدل [لى العالمي]ن

L'ultima iscrizione finalmente è del seguente tenore :

عز لمولانا السلا]طان] الملك العالم العال[ل] [2] الجاهد لمرابط [الملا]لك المعالم [3] العالم [4]

الجاهد المرابط المثاغر [الما]ظفر الموابد المنصور سلطان الاسلام العا[مل العا]دل

الجاهد المرابط المثاغر الموابد [المذ]حسور سلطان الاسلام والمسلمين قامع الكفرة

والمش[ركين محيى العدل لى ا

In luogo di المؤيد) الموايد) l'Amari ha letto المتواكل, ma non mi sembra lettura buona; la forma che ha il ه è quella stessa che ha il ل di مولانا: dell' errore di ortografia dirò appresso. L'epiteto الموبّد suole accompagnare gli altri di مظفر e di منصور; cf. Reinaud, *Monumens arab. pers. et turcs, etc.* (Paris, 1828), II, 405; Lanci, *Trattato delle simboliche rappresentanze arabiche* (Parigi, 1845), II, 161, 163, 169 ecc., Max van Berchem : *Matériaux pour un Corpus Inscript. Arabic.* (Paris, 1894, 1896), 93, 119,

---

[1] Le lettere in parentesi quadra sono quelle restituite per congettura, essendo ora coperte dalla montatura in metallo.

[2] Forse da correggere : العـادل.

[3] Così sembra scritto; correggi العـالم.

[4] Da correggere : العـامل o meglio : العـادل.

126, 141, 142, 189 ecc.; veggasi anche il التعريف بالمصطلح الشريف di Šihâb ad-Dîn al-'Umarî, p. 83-84. Anche l'altro titolo (جامع) الكفرة والمشركين è comune (Lanci, II, 167, Max Van Berchem, 47, 91, 92, 127, 141, 142 ecc.) perciò ho letto così e non الكفر, come propose l'Amari. Ritenne l'Amari che il vaso fosse stato fabbricato per alcun principe ayyubita e forse per lo stesso Malek Adel, il fratello di Saladino. Veramente le epigrafi, mentre ripetono più volte i consueti epiteti, non menzionano in fine verun nome proprio di principe o sultano, e la parola العادل è certamente uno di codesti epiteti e non si riferisce punto a Malek Adel; ma tutta la forma e i titoli delle iscrizioni ritraggono quelli proprî ai sultani ayyubiti o, al piu, ai mamelucchi[1].

In tanta bellezza del vaso, sorprende la poca diligenza di chi ha scritto le epigrafi, nelle quali, mentre ha commesso inutili ripetizioni, ha poi tralasciato il nome stesso del principe cui il vaso era destinato, ed in fine della terza iscrizione, ha perfino scritto una sola lettera di una parola affatto necessaria per il senso, e che l'Amari ha bene supplito العالمين; notisi inoltre الموايد per المويد (v. sopra), العال per العادل, المعالم e il primo المرابط nel quale l'ا di الجاهد dovrebbe essere l'alif iniziale di المرابط. Forse la difficoltà e la novità della tecnica hanno a ciò contribuito, ovvero dovremo sospettare di un' antica e stupenda imitazione occidentale? Del resto altri esempî di singolare scorrezione non mancano; cf. *Bollettino Ital. d. Studî Orientali*, I, 131.

Non sarà fuor di proposito che io ricordi un altro vaso arabico che ha analogia con questo del Sign. Marchese Alfieri di Sos-

[1] Un vaso press'a poco contemporaneo sarebbe il Barberiniano illustrato dal Lanci (*op. cit.*, II, 161); in tal proposito avvertirò che il Lanci ha male letta e interpretata la leggenda che è sotto il vaso e che dice, non già : برسم سرنجابه ، الملك الظاهر, ma bensì : برسم مرجخانه الملك الظاهر, poichè così senza dubbio deve leggersi il سرعاده della iscrizione. La parola (خاناه) ضراب خانه dovea essere ignota al Lanci, come vedesi anco dalla pag. 171.

tegno, e di cui debbo la notizia e il disegno al Prof. Lucio Ma-
riani. È anche esso di cristallo e, nel secolo scorso, è stato
anch'esso fornito di montatura in metallo, ed è passato ugual-
mente ad uso sacro, servendo ora da reliquiario nella cattedrale
di Fermo. Il vaso è adorno delle figure di due falchi affrontati
e di molti arabeschi, e attorno al collo porta la seguente iscrizione in caratteri cufici :

بركة وسرور بالسيد الملك المنصور

Le figure e l'iscrizione sono, non a smalto, ma tracciate in
relievo colla ruota, e la difficoltà del lavoro è certamente la
cagione per la quale le figure e gli arabeschi riescono di disegno alquanto duro [1].

---

[1] Le regretté Président du Congrès, M. Schéfer, avait promis à M. Guidi d'é-
crire un véritable article sur la technique de ces vases, les centres de leur fabri-
cation, leur caractère artistique, etc. — Son travail eût été d'une grande importance et nous aurait éclairés sur bien des points. Quelques jours seulement avant
que la mort vint le surprendre, il écrivait à l'auteur qu'il allait commencer son
article! [J.-B. C.]

CATÁLOGO

DE LOS MANUSCRITOS ÁRABES

QUE SE CONSERVAN EN LA UNIVERSIDAD DE GRANADA,

POR

EL DR. D. ANTONIO ALMAGRO Y CÁRDENAS.

———◆———

Cual vestigio aunque insignificante de la cultura y de las ciencias mus-
limico-granadinas, todavia quedan en la Universidad de Granada algunos
manuscritos arábigos, parte de ellos en la Biblioteca Universitaria y otros
en la de la Facultad de Filosofia y Letras, adquiridos unos y proce-
dentes los de mayor importancia del Colegio de la Compañia de Jesus,
que ocupó en otro tiempo el edificio en donde la Universidad se halla
instalada actualmente.

La formacion del presente catálogo responde à la iniciativa del actual
Jefe de la Biblioteca, defiriendo á cuyas indicaciones se ha redactado esta
reseña, primera que, con la debida extension y necesarios pormenores, se
hace de dichos manuscritos.

De la lectura de estas notas podrá formarse una idea acerca del valor
de tales libros, si no muy numerosos, al menos de verdadera importancia,
y todos ellos de valor suficiente para dar á conocer en su conjunto el
estado de las ciencias y de las Bellas Letras entre los árabes, por versar
sobre muy varias materias como son la Gramática, la Literatura, el Derecho, la Medicina, y otras varias artes y conocimientos tan amenos como
provechosos.

De desear es que esta breve reseña sea suficiente para informar sobre
el contenido de dichas obras á los estudiosos que quieran egercitarse
haciendo alguna traduccion de las mismas, ya tambien para llamar la
atencion del Gobierno por si estima conveniente disponer la publicacion
de alguna de ellas y ampliar este escaso tesoro literario con nuevas ad-
quisiciones.

Porque es lo cierto que à pesar de las importantes colecciones de libros arábigos que contienen las bibliotecas de nuestro pais, y especialmente la de S. Lorenzo, la Nacional y el Archivo Histórico, aun faltan egemplares de valiosas ohras debidas à la pluma de los moros españoles quienes las llevaron al ser expulsados de España, y hoy se encuentran en las bibliotecas publicas y privadas de varias ciudades berberiscas, principalmente en Fez, Tetuan, Argel y Tunez.

De gran utilidad para la ciencia seria el proseguir las excursiones literarias que ha comenzado con frutos nada despreciables el Dr D. Francisco Codera con su expedicion á Tunez, de que da cuenta detallada en su precioso libro « Mision Histórica », y continuando por esta senda llegariase á juntar rica coleccion de libros que antes que en ninguna otra debieran conservarse en la Biblioteca de Granada, ciudad que por sus tradiciones, por sus monumentos y su historia es llamada á conservar el recuerdo de la civilizacion arábigo-hispana en sus manifestaciones literarias de mayor mérito.

Aun hoy dia quedan en la ciudad algunos libros árabes á mas de los que contiene este catálogo, de todos los que habrá de publicarse una descripcion lo mas completa posible, si á esta obra el Gobierno no deja de mostrarse propicio; mas por hoy solo à los códices árabes de la Universidad se circunscribe este trabajo, dividido en dos partes, de las que corresponde la primera á los códices de la Biblioteca Universitaria, y la segunda á los de la coleccion particular de la Facultad de Filosofia y Letras, en cuya enumeracion se guardará el mismo orden que se ha seguido al estudiarlos.

I

CÓDICES ÁRABES DE LA BIBLIOTECA DE LA UNIVERSIDAD.

Nº 1º. — GRAMÁTICA ARÁBIGA.

En folio : papel.

Comienza : Alphabetū لَّحُرُوبِ العِجَامِيّة.

Concluye : Finis arabicæ gramaticæ.

253 folios : escrito el texto en latin y los egemplos en árabe magrebí : encuadernacion en holandesa.

Esta obra no tiene nombre de autor ni fecha aunque parece coetánea ó poco posterior á los descubrimientos del Sacro-Monte, pues, al folio 2º vuelto, trae un alfabeto de forma especial con la siguiente advertencia : « istud Alphabetum est repertum in laminis monti sancti in Granata »; en cuyo caracter de letra tambien pone el Padre Nuestro y la Salutacion Angélica, al folio 9 vuelto.

Nº 2º. — LEON (IBN) ABN OTSMAN BEN ABI CHAÀFAR.

كِتَاب إِبْدَاء المَلَاحَة وانهَاء الزَّجَاحَة
بى أُصُول صنَاعة البِــــــلَاحَة

Libro de principio agradable y fin provechoso, en el que se contienen los principios fundamentales del arte de la Agricultura.

En 4º : papel avitelado.

Comienza : قال سيدنا الشيخ.

Concluye : وسلم تسليما.

50 folios : paginacion en la margen inferior con números árabes é indios : magrebí : notas marginales : encuadernacion moderna en pasta.

Es un tratado de Agricultura en verso del mencionado autor que nació
en Almeria en la 2ª mitad del siglo xiv como consta de Ibn Aljatib que le
cuenta en el número de sus profesores. — Esta obra es de gran importancia,
no solo por el asunto sobre que versa sino tambien por la escasez que se nota
de tratados sobre la misma materia en la literatura arábigo-hispana. —
Sus notas marginales son numerosas y de interes histórico, bibliográfico
y filológico. — Se halla este códice bastante mutilado, faltandole segun
parece hasta treinta folios, pues hoy solo existen 50 y en la portada dice
que constaba de 80. — Escribióse en Almeria año 749 de la Hegira,
1348 de J.-C. — La obra va precedida de una nota bibliográfica por el
Dr D. Francisco Jr Simonet.

Nº 3º. — VOCABULARIO ÁRABE.

En 4º : papel.

Comienza : أَبْنَالُو conforme.

Concluye : ياوباني heu heu Az. J. V.

268 folios, faltandole 12, pues segun nota de las cubiertas,
constaba de 280 : árabe-latin y á veces árabe-castellano : xarquí
el arabe : encuadernacion en pergamino.

Este ensayo de Diccionario arábigo-latino se debe probablemente al in-
signe jesuita P. Tomas de Leude de nacimiento irlandes, criado en España
y doctísimo en lenguas griega, hebrea y árabe, y catedrático largo tiempo
en el colegio de S. Pablo de Granada, que vivia en 1653. — Segun nota
puesta en la cubierta, tuvó este manuscrito 280 paginas y hoy solo consta
de 268, faltandole, por lo tanto, 12 del comienzo, sin que se puedan
congeturar cuantas faltan del final, pues por lo visto, nunca se concluyó
este ensayo de Diccionario.

Nº 4º. — AZZOBAIDI : ABU BEKR MOHAMED BEN HASSAN.

سبر بيه كتاب الواضح

« Volumen en que se contiene el libro del expositor (grama-
tical). »

Comienza : باب اقسام الكلام .

Concluye : . . . لا تجوز بيهما ولِنَّ .

250 folios : caracter magrebí con mociones rojas : el folio 1º lleva el título de la obra y el nombre del autor : algunas anotaciones marginales : incompleto por faltarle al final algunos folios.

Es una exposicion ó tratado extenso de Gramática por el famoso Azzobaidí de quien se conservan varias obras del mismo genero y entre otras la titulada : *Epitome del libro de Ain;* compendio de Diccionario por Alfarahidí, de que hay egemplares en la Biblioteca Nacional y en la de S. Lorenzo del Escorial.

Azzobaidí fué sevillano, vecino de Córdoba, gramático y lexicólogo, y murió en su ciudad natal, á principios de Chumada 2ª del año 379 (setiembre de 989 de J.-C.). — Pueden tomarse datos biográficos sobre este autor en la obra اخبار رجول الاندلس de que hay una copia juntamente con el mencionado « Compendio del libro del Ain », en la Biblioteca Nacional.

El tamaño del códice es en 4º y esta escrito en papel.

Nº 5º. — ENCYCLOPEDIA CIENTÍFICA.

Este códice es una compilacion formada el año 1057 de la Hegira por Mohamed Xaâban y que contiene los siguientes tratados :

1º Ajmed ben Abd-Esselam Elhasan.

مختصر فى الطبّ

Compendio de Medicina.

Comienza : الحمد لله معلى منار العلوم .

Comprende 14 folios, y es una relacion ó índice de ochenta enfermedades con sus remedios.

2º Azzanúbari (Chemaleddin Mohamed Almahdi ben Ibrahim Alhindi).

SECT. MUSULM.

كتاب الرحمة مي الطبّ والحكمة

Libro titulado « La Misericordia » que trata de Medicina y Filo-sofía.

Comienza : الباب الاول مي علم الطبيعة.

Comprende 46 folios y es un tratado de Medicina divido en cinco ca-pitulos. — Su autor murió en el año 815 de la Hegira (1412 de J.-C.).

3° Un folio perteneciente á un tratado de Medicina, al que preceden cuatro folios en blanco.

4°   باب مي معربة محّة الاسطرلاب

Capitulo sobre el conocimiento perfecto del Astrolabio.

Comienza : من حطابه اذا اردت ذلك.

Es un compendio en 13 folios de los diversos usos del Astrolabio, con un circulo de reduccion de los meses del año cristiano, y otro con los signos zodiacales.

5° Cuatro folios con observaciones astronómicas y una tabla ó cuadro sinoptico con los grados y minutos que marca el sol de altura zodiacal en cada uno de los dias del año rumí á partir de Marzo.

6° *Tratado de Materia Farmacéutica.*

Comienza : الحمد لله حك جدد.

Comprende, en 19 folios, una exposicion sobre el modo de preparar los medicamentos, dividida en 10 capitulos.

7° Tratado de los alimentos y bebidas de cada més y de los padecimientos propios de cada estacion.

Consta de 9 folios, faltándole el comienzo, y contiene trozos de varios autores especialmente de Galeno.

Este códice es de mucha utilidad para comprender el estado de las ciencias entre los árabes, pues consta de tratados referentes á los conocimientos científicos de aplicacion mas inmediata como son la medicina, la astronomia, y la farmacia, componiendose de una coleccion de ocho tratados sobre dichos asuntos, de diferentes autores.

N° 6°. — ZAID (IBN ABI) ABU MOHAMED ABD ALLAH ALCAIRIVVANI.

جملة مختصرة من واجب امور الديانة

Compilacion elemental de los preceptos de la Ley musulmana.

Comienza : الحمد لله الذى ابتدا الانسان.

Concluye : وعلى اله وصحبه.

200 folios : magrebí : mocionado en carmin : anotaciones marginales : encuadernacion en pergamino.

Va precedido de tres folios con diversas anotaciones sobre asuntos jurídicos, y es una disertacion acerca de los preceptos de la Ley islámica segun las opiniones de la escuela malequita. — Esta misma obra se cita en la Biblioteca Arábigo-Hispana de Casiri, tomo 1° pag. 78, en donde se consigna que su autor fué granadino, y segun el Hach Jalifa, murió en 389 (998/9 de J.-C.).

Contiene además este volúmen :

2° *Aben Rosd.*

Poema ó casida sobre la ciencia del Derecho musulman.

21 folios : magrebí : mocionado en carmin con los epigrafes de los capitulos en caracteres rojos y las frases iniciales en varios colores. — El nombre del autor se cita al final del tratado.

3° *Ebn Asim (Abu Bekr).*

Exposicion del Derecho en forma poética.

4.

18 folios : magrebí : mocionado : epigrafes y letras iniciales en carmin.

Al final de la obra hoy hay seis folios con anotaciones de diversas manos sobre asuntos juridicos.

Nº 7º. — ALCORÁN.

En 8º : papel.

Comienza con la primera súra.

Termina al final de la súra decima octava.

Caracter magrebí : mociones en carmin : al principio una portada invertida con tres circulos concentricos miniados y siete renglones en caracteres rojos y amarillos que dicen :

لا اله الا الله محمد رسول الله صلى

الله عليه وسلم الله وحده لا اله

غمرة ولا غلـيـبـتا غـمـرة الله

«No hay Dios sino Allah, Mahoma es el enviado de Dios, sea Dios propicio con él y la paz de Dios único : No hay Dios fuera de él, y no vencedor sino él. — Dios. »

Es un primer tomo del Alcorán escrito con grande escrupulosidad y perfectamente puntuado y mocionado.

Las paginas no se hallan numeradas, pero al fin de cada una de ellas se halla el principio de la siguiente.

Carece de fecha y de nota con el lugar donde se ha escrito, aunque por las palabras «Y no vencedor sino él (Dios)» que tiene su primera pagina, puede inferirse que fué escrito en Granada, porque son el mote de los reyes nazaritas.

Los títulos de la mayor parte de las súras están traducidos en el margen en latin, y á mas, en las mismas márgenes se hallan, dentro de circulos miniados, indicaciones de las partes de cada súra.

II

CÓDICES ARÁBIGOS DE LA FACULTAD DE LETRAS.

N° 1°. — ABUL-HASAN ALHAISAN BEN MOHAMED.

قصص القرآن

Historias del Alcorán.

En 4° : papel.

Comienza : الحمد لله خالق الخلق والانام.

Concluye : وسلم تسليما كثيرا.

213 folios : el último en blanco : caracter xarquí, primoro-
samente escrito, con algunas anotaciones marginales y pasages
notables en color rojo : encuadernacion árabe ·en chagrén.

Es una coleccion de leyendas ó *hadices* en que se explican los hechos
historicos apuntados en el Korán, desde la creacion hasta la guerra del
elefante. En una nota que hay en la primera página, consta que fué escrito
en el año 1190.

N° 2°. — SÉFER XEIJ-UL ISLAM.

En 8° : papel.

Comienza : فلذلك كان معتمدا.

Concluye : ولا حول ولا قوة الا بالله العلى العظيم.

220 folios : xarquí : en prosa y verso : encuadernacion en
badana con relieves árabes.

Esta obra, titulada volumen del Xeij-ul Islam ó Pontífice del Islamismo,
es una coleccion de exposiciones sobre derecho y ley muslímica, con varias
tradiciones y poesias relativas á dichos asuntos. — Le faltan algunas hojas
al principio.

Nº 3º. — COLECCION LITERARIA.

هذا المجموع ظريف من

حاز كل معنى لطيف

Preciosa coleccion compuesta de toda clase de agradables sentencias.

Principia : الحمد لله الذى اسداك ديول.

Concluye : وتحكمت بى محتر السوداء.

260 folios : xarquí.

Es una coleccion de anecdotas y poesias de varios autores.

Nº 4º. — MOHAMED ABDALLAH EL-HAZRRECHI.

قصيدة خزرجيّة

Kasida Hazrrechia.

En 4º : papel.

Comienza : للشعر مزان بسمر عروضه.

Concluye : سواء كاترى انتهى.

4 folios : magrebí.

Es un tratado en verso de metrica y prosodia, escrito en caractéres magrebíes, y cuyo autor es Diyaeddin Abu Mohamed ben Mohamed Alansarí Alandalusí Alhazrrechí, conocido generalmente por Abulchais Alansarí Almagrebí que murió hacia el año 627 (1229-1230) y tiene entre otras obras á mas de la Kasida Hazrrechia ó Poema Hazrrechí un libro titulado «Metrica del Español».

Contiene ademas este volumen :

2º *Abulcasem Elfotuj ben Aisa ben Ajmed Ezzanjachí.*

قيدة على القصيدة الخزرجية

Comentario á la Kasida Hazrrechia.

Comienza : الله حمد بعد اما.

Concluye : تسليها وسلم.

260 folios : magrebí con los epigrafes en carmin.

Su autor tiene tambien un libro titulado «Respuestas Nazaries», de que hay un egemplar en la Biblioteca Nacional.

UNE

SECTE JUDÉO-MUSULMANE

EN TURQUIE,

PAR

M. DANON.

L'une des plus étonnantes pnysionomies de l'histoire juive des temps modernes est incontestablement le faux Messie de Smyrne, Sabb ataï Cevi (1626-1676). Cependant, bien que cet imposteur ait paru sur la scène en pleine lumière de l'histoire et que les sources authentiques abondent à son sujet, plusieurs points sont encore obscurs, surtout en ce qui concerne les sectes qui tirent leur origine du charlatan smyrniote. Aussi m'a-t-il semblé intéressant de livrer au public le nouveau contingent d'informations verbales et écrites qui est arrivé à ma connaissance et qui, peut-être, contribuera à élucider certains points d'interrogation, restés encore insolubles, d'un mouvement historique qui, dans son temps, a fait tant de bruit *urbi et orbi* et dont l'écho se répercute jusqu'à nos jours.

A. DOCUMENT RELATIF AUX DEUNMEH.

Le premier des documents écrits auxquels je viens de faire allusion est relatif aux Deunmeh (=convertis) de Salonique. Pour la connaissance intime de cette secte de crypto-sabbatiens ottomans, nous étions restreints aux communications de Niebuhr (qui a écrit vers 1784) et aux quelques bribes réunies et utilisées par Graetz. A cette maigre pitance ne sont venus

s'ajouter, après le long espace de plus d'un siècle, autant que je
sache, qu'un petit nombre de nouvelles supplémentaires que
j'ai autrefois recueillies et enregistrées dans mon *Manuel d'histoire juive post-biblique* (תולדות בני אברהם, p. 119-120).

Cette pénurie de notions ne doit pas étonner, quand il s'agit
d'une secte si mystérieuse et si jalouse de ses secrets que celle
des Deunmeh, laquelle reste, en plein xixᵉ siècle, hermétique-
ment fermée à l'air ambiant et s'entoure d'une muraille de
Chine devant l'œil scrutateur du philosophe et de l'historien
qui veulent sonder ses arcanes. A ce point de vue, Salonique,
qui est son siège principal, mérite bien l'épithète de « Pays ma-
gique » (ארץ כשף) que le corps rabbinique de Constantinople
lui a jadis donnée dans sa bulle d'excommunication.

C'est justement cette rétractilité de hérisson qui a depuis
longtemps excité ma curiosité, sous l'aiguillon de laquelle je
me suis mis à la piste de nouveaux détails sur ce chapitre. Le
résultat de mes recherches, bien que faible en apparence, me
semble par le fond d'une importance capitale. Je veux parler
d'un document que je dois à l'obligeance de M. Samuel, fils de
M. Saadi Lévy, directeur de *la Epoca* et du *Journal de Salonique*.
Voici dans quelles circonstances a été trouvé cet acte qui est
la pièce de résistance de la présente communication.

Il y a plus de vingt ans, un Deunmeh donne son gilet à re-
coudre à un raccommodeur qui trouve inopinément, dans la
poche de l'habit à lui confié, le manuscrit en question conçu
en bas-hébreu et en judéo-espagnol. Un ami, que le tailleur
consulte sur le contenu de ce papier, en saisit immédiatement
la valeur, l'emprunte pour une heure et court le montrer à
M. Saadi Lévy, qui s'empresse d'en prendre une copie littérale
avant de restituer l'original. C'est de cette reproduction que je
vais donner une traduction, après les préliminaires que voici.

Parlons d'abord des noms sous lesquels cette secte est

connue. Ces ultra-sabbatiens sont appelés à Salonique, par les
Turcs, du qualificatif *Deunmeh*, et, par les Israélites, du nom de
מאמינים « croyants ». Il paraît qu'entre eux ils aiment s'appeler
חברים « compagnons » ou métaphoriquement « les maîtres du
combat ». Un autre sobriquet qui, d'après la tradition, leur
était donné à Andrinople, leur siège primitif, est celui de *Sa-
zanicos* « carpillons », que je vais essayer d'expliquer.

Notons, en premier lieu, que leur ancienne mosquée, dont
on montrait naguère les ruines à Andrinople, était située à
l'extrémité du marché des Poissons (Balouk-Bazar). Puis rappelons l'acte comique que Sabbataï Cevi avait accompli, dans
le début de sa mission à Constantinople, où il a mis, comme
un bambin, un poisson dans le berceau, en déclarant qu'Israël sera délivré sous le signe zodiacal des Poissons. Enfin, remarquons en passant l'importance attachée à cet animal aqua-
tique par la magie et par la symbolique chrétienne, auxquelles
Sabbataï Cevi semble avoir emprunté quelques-unes de ses
idées. L'une de ces considérations a-t-elle donné naissance au
surnom ichtyologique dont il vient d'être question ? Je ne puis
opter entre ces diverses hypothèses et ne les donne que pour
ce qu'elles valent.

Il faut ajouter quelques renseignements locaux également
communiqués dans leur essence par M. Samuel Lévy, sur les
subdivisions de la secte des Deunmeh, sa situation économique,
son caractère, ses relations, son langage et enfin ce qu'elle
semble promettre pour l'avenir.

En notant, en même temps que ses bonnes qualités, les
côtés faibles de cette intéressante communauté, loin de moi
l'intention d'en blesser l'amour-propre. Je ne vise point à en-
tamer la réputation de loyauté de ses membres contemporains.
J'admettrai volontiers l'assertion de Niebuhr qu'ils sont des
gens honorables, auxquels on ne peut reprocher rien de blâ-

mable et que rien de mauvais ne peut être rapporté sur leur compte. Je ne fais ici surtout qu'œuvre d'historien rétrospectif.

1. *Subdivisions de la secte.* — Les Deunmeh, loin de former un tout homogène et compact, se subdivisent en trois partis, entre lesquels règne une haine implacable. Ce sont : les *Tarpouchlis*, qui se reconnaissent par un turban de forme spéciale ; les *Cavalieros* « chevaliers », qui portent une chaussure à pointe ; les *Honiosos* « camus », qu'un nez court et plat fait facilement distinguer.

2. *Situation économique.* — Pas un seul mendiant ne se voit parmi eux. En aurait-il existé un, que ses coreligionnaires se seraient empressés de lui venir en aide. Ces sentiments d'union et de fraternité, du moins entre les membres de chacun des trois partis, remontent aux premiers adeptes de Sabbataï Cevi.

3. *Caractère.* — Leur défaut caractéristique est ce don puissant de la dissimulation, qui leur est devenu naturel, et qui est le corollaire inéluctable de la 16e Ordonnance dont il va s'agir plus loin. Leur vie est entourée d'un mystère impénétrable. Ils savent bien se surveiller vis-à-vis des vrais musulmans. Vivre de la vie de ces derniers, être toujours avec eux dans leur intimité, imiter ouvertement leurs qualités et leurs défauts, servir extérieurement leur cause, et pourtant être dans leur for intérieur à mille lieues de leurs concitoyens mahométans, quelle élasticité de conscience ! quelle force de volonté !

4. *Relations.* — Sous ces démonstrations amicales et même fraternelles se cache un antagonisme latent entre Turcs et Deunmeh, une répulsion instinctive et mutuelle. Les derniers

sont cordialement détestés par les premiers, lesquels sont obli-
gés de tolérer ces tièdes prosélytes qui, sous le point de vue
musulman, sentent le fagot, d'autant plus qu'ils n'ont entre
leurs mains aucune preuve matérielle qui puisse justifier une
croisade en règle contre les Deunmeh. — Quant aux rapports
entre ces derniers et leurs concitoyens juifs, ils sont des plus
tendus, et ces compatriotes, jadis coreligionnaires, nourrissent
réciproquement une profonde antipathie. Il faut en chercher
la cause dans ce fait que les Israélites contemporains de Sabbataï Cevi ne l'ont pas secondé dans son œuvre messianique, ayant
pour la plupart refusé de le reconnaître comme rédempteur et
de caresser ses chimères ambitieuses. De cette époque-là date
l'animosité fanatique qui sévit entre מאמינים et כופרים, comme
on appelait les anti-sabbatiens «incrédules».

5. *Langage.* — Ils ont, sans doute, longtemps parlé le judéo-
espagnol. Non seulement cela est dans la nature des choses,
étant donnée l'origine séphardite des Deunmeh, mais, à défaut même de cette considération, notre document, rédigé en
partie dans ce jargon, suffirait à l'attester. Il est presque certain que plusieurs d'entre eux connaissent aussi l'hébreu.
D'après la 14e Ordonnance ci-après, ils doivent lire chaque jour
les psaumes. Comprennent-ils bien cette langue? C'est une
question différente. Leur idiome usuel est maintenant le turc
et, probablement, leurs prières mêmes sont déjà traduites
dans ce dernier dialecte. Quant à la nouvelle génération, elle
ignore complètement l'espagnol. Elle a peut-être gardé quelques
principes de lecture hébraïque qui l'aident à réciter les prières,
si toutefois elle les récite.

6. *Avenir.* — Vu leur nombre restreint (1,000 familles) et
les dissensions qui les désunissent, les Deunmeh sont destinés à

disparaître. Les alliances consanguines dans l'intérieur de chaque parti, à l'exclusion des autres subdivisions, menacent déjà l'existence de cette communauté. Quand l'effectif en sera plus réduit, peut-être se convertiront-ils à l'Islam pur et simple. En prenant aux Osmanlis la distinction naturelle et la noblesse du sang, et en fournissant comme apport leur activité fébrile, il est possible que de ce croisement en perspective résulte, par voie de sélection, une race excellente. Mais, s'ils diffèrent leur conversion, le résultat de ce mélange tardif ne sera qu'insignifiant et dérisoire.

Voici maintenant la traduction, aussi littérale que possible, de notre document conçu dans un style souvent mystique, incohérent et plein de gaucheries, et qui comprend : I. Les prières que l'on doit réciter avant de commencer le jeûne et en le rompant ainsi que dans le repas; — II. Les ordonnances ou articles de foi (סדרים, *encomiendanzas*); — III. La liste des fêtes sahatiennes.

I. LES PRIÈRES.

Pour commencer le jeûne :

Au nom de l'Éternel, Dieu d'Israël, par la gloire d'Israël, (par) les trois liens de la foi qui forment l'unité sublime de Notre Seigneur Roi, Sabbataï Cevi, notre Messie, notre Rédempteur, le vrai Messie, que sa magnificence soit élevée et que sa royauté soit exaltée à l'égard de l'En-Sof (« Infini »)! Puisses-tu agréer avec miséricorde et volonté ce jeûne de Notre Seigneur, Sabbataï Cevi. Que mon jeûne soit (reçu) au ciel comme le parfum de l'encens! En (récompense du) mérite de ceux qui croient dans l'unité divine des trois attaches de la foi et qui, en l'honneur de Notre Seigneur, ont reçu du savant Barzilaï, élève de Notre Seigneur Roi, Sabbataï Cevi, que Sa gloire s'élève et que Son règne soit très hautement loué à l'égal de l'En-Sof, d'observer annuellement aujourd'hui le jeûne, puisses-tu compâtir, dans ton immense miséricorde, à la diminution de ma graisse et de mon sang qui se sont amoindris aujourd'hui à la suite de cette abstinence, et qu'il te plaise de nous ouvrir les portes de l'intelligence et de nous envoyer Notre Messie juste, Notre Rédempteur, pour nous tirer des ténèbres à la lumière. Que les paroles de ma bouche et la méditation de mon cœur te soient agréables, ô Éternel, mon rocher et mon sauveur!

A la rupture du jeûne :

Au nom du Tétragramme, le vrai Dieu, le Dieu d'Israël, qui siège dans la Gloire d'Israël, (et par) les trois liens de la foi qui forment une unité puisses-tu recevoir avec pitié et agrément le jeûne que je viens d'observer, comme tu reçois le jeûne du savant Barzilaï, élève de Notre Seigneur Roi, Sabbataï Cevi, que Sa magnificence soit élevée. Que je lui sois en bonne odeur (de sainteté) jusqu'au for intérieur (de Dieu), comme le parfum de l'encens. De même que tu as effectué aujourd'hui un grand miracle à notre Seigneur Roi, Sabbataï Cevi, Notre Roi, Notre Rédempteur, le vrai Messie, que Sa gloire soit exaltée! lorsqu'il était descendu dans un profond abîme, ainsi fais-nous des signes et des miracles, à nous et à tous nos frères, les fils de ceux qui croient dans l'unité des trois attaches de la foi, ainsi qu'à Notre Seigneur, en nous envoyant promptement de nos jours Notre Seigneur et (en nous tirant) des ténèbres à la lumière. Puissent nos yeux le voir, notre cœur s'en réjouir et notre âme jubiler bientôt de nos jours, Amen. Ainsi soit la volonté (divine) et nous dirons Amen. — Et l'on récitera le Psaume 40.

Prière à table pour le repas :

Voici le repas de Notre Seigneur, le Roi Sabbataï Cevi, Notre Roi, Messie et Rédempteur, le vrai Messie, que Sa magnificence s'élève et que Sa royauté soit exaltée très hautement à l'égal de l'En-Sof. Voici la table de Notre Seigneur, notre...

II. LES ORDONNANCES.

Au nom de Sabbataï Cevi. Voici les 18 Ordonnances de Notre Seigneur, Roi et Messie, Sabbataï Cevi, que Sa gloire s'élève!

La première est que l'on prenne bien soin de la foi du Créateur qui

est un et unique, et en dehors de lui il n'y a point de Dieu ni de provi-
dence. Point de supérieur ni de juge hormis lui.

La deuxième est que l'on croie à son Messie, qui est le vrai Rédempteur
et en dehors duquel il n'y a point de sauveur, Notre Seigneur, Notre
Roi, Sabbataï Cevi, dont la descendance est de la maison de David, que
Sa Gloire soit exaltée!

La troisième est que l'on ne prête point de faux serment au nom de
Dieu ni de son Messie, car le nom de Son Seigneur est en lui, et qu'on
ne (le) profane point.

La quatrième est que l'on honore le nom de Dieu et qu'on le vénère
ainsi que le nom de son Messie quand on le mentionne. Que l'on respecte également quiconque est supérieur à son prochain par sa science.

La cinquième est que l'on aille de réunion en réunion pour raconter
et pour étudier le secret du Messie.

La sixième est que l'on ne tue personne de n'importe quelle nation,
même s'ils en sont détestés.

La septième est que, le jour du 16 Kislev, tout le monde doit se réunir
dans une maison, et y raconter chacun à son voisin ce qu'il a entendu et
compris du mystère de la foi dans le Messie.

La huitième est qu'il n'y ait aucune fornication parmi eux, bien que
ce soit un précepte de la Béria (= Création); on doit, tout de même,
être bien réservé sur ce chapitre à cause des voleurs.

La neuvième est que l'on ne dépose aucun faux témoignage, que personne ne mente auprès de son prochain, et qu'ils ne se trahissent l'un
l'autre, même les croyants (מאמינים).

La dixième est qu'il ne leur est permis d'introduire personne dans la
foi de la Coiffe (= Islam), même celui qui y est entré par force; car celui
qui fait partie des Maîtres du combat y entre spontanément d'un cœur
complet et par la volonté de l'âme, sans contrainte d'aucune façon.

La onzième est qu'il n'y ait pas des envieux parmi eux et qu'ils ne
convoitent pas ce qui ne leur appartient point.

La douzième est que l'on célèbre avec grande réjouissance la fête du
mois de Kislev.

La treizième est que l'on soit charitable l'un pour l'autre et que l'on
s'efforce de faire la volonté du prochain comme sa propre volonté.

La quatorzième est qu'on lise chaque jour les Psaumes en cachette.

La quinzième est que l'on observe chaque mois la naissance de la lune et que l'on prie pour que la lune tourne son visage vis-à-vis du soleil et qu'ils se regardent face à face.

La seizième est que l'on ait soin à l'égard des usages des Turcs, car par là on leur crève les yeux (= on leur jette de la poudre aux yeux). Et pour le jeûne du Ramazan, qu'ils n'aient, en l'observant, aucun scrupule (de conscience). Ainsi, le sacrifice qu'ils (= les Turcs) font aux diables, peu importe si on ne le fait pas. Toute chose qui se remarque doit être faite.

La dix-septième est que l'on ne doit contracter des alliances avec eux (les musulmans, ni avoir aucun rapport avec eux) ni dans leur vie, ni dans leur mort, car ils sont abomination et leurs femmes sont des reptiles, et c'est à ce sujet que (le verset biblique) a dit : « Maudit soit celui qui couche avec un quadrupède ».

La dix-huitième est que l'on ait soin de circoncire leurs fils et de lever l'opprobre du peuple saint.

Ces 18 Ordonnances, je les ai voulues, bien qu'une d'entre elles appartienne à la Loi de la Béria (= Création), parce que le trône ne s'est pas encore complété, jusqu'à tirer vengeance pour Israël (de) Samaël (= Satan) et de sa légion. A cette époque-là, tout va devenir égal : point de défense et point de permission, point d'impureté et point de pureté, et tous me reconnaîtront depuis le petit jusqu'au grand. Et préviens les collègues qui sont croyants et qui ne sont pas entrés dans le mystère du turban qui est la bataille, pour qu'ils aient soin d'effectuer la (Loi de) Béria et d'Azilut (= émanation) dont ils ne doivent rien diminuer jusqu'au temps de la révélation. Et depuis lors, ils se revêtiront dans l'arbre de vie, et tous deviendront des anges. Que la volonté (divine permette) qu'ils se révèlent bientôt, Amen.

III. TABLE DES FÊTES.

14 Sivan : Fête de la germination.

21 Sivan : Il a été oint par l'entremise d'Élie.

24 Sivan : Il vous l'a donné (!) dans ce même jour.

9 Tammuz : Commencement de l'habillement de l'âme.

17 Tammuz : Le premier jour de sa conception.

23 Tammuz : La fête des illuminations.

24 Tammuz : Samedi saint.

3 Ab : Commencement de la couronne de gloire.

9 Ab : Fête des allégresses.

15 Ab : Il a été salé.

16 Kislev : Pourim.

21 Adar : Jour de sa naissance.

28 Adar : Jour de sa circoncision.

B. UNE POÉSIE SABBATIENNE.

Comme appendice à ce qui précède, il me semble intéressant de traduire ici une poésie hébraïque, faite en l'honneur
de Sabbataï Cevi au moment de l'apogée de sa gloire, et que
j'ai tirée d'un vieux manuscrit.

Nous connaissions des épigrammes anti-sabbatiennes, telles
que celles d'Emanuel Francès et une autre insérée dans תלדות
בני אברהם. D'autre part, nous savions que les Sabbatiens aussi,
non contents d'intriguer contre leurs adversaires et même de
les persécuter à outrance, ne dédaignaient point l'arme poétique. De part et d'autre, on se lançait donc des pamphlets
pour en arriver finalement aux voies de fait.

Néanmoins, vis-à-vis des nombreux produits de la féconde
muse anti-sabbatienne, nous n'en avions à fournir, jusqu'à présent, aucun qui fût d'origine sabbatienne, sauf l'inédit panégyrique versifié dont voici la traduction et qui me paraît avoir
été composé par Samuel Primo, secrétaire du pseudo-Messie
de Smyrne :

Voilà le fils de David, élève sa corne,
     ô Dieu, conserve ceux qui espèrent en lui.
Donne vite à tous la foi en Cevi,
     et la croyance au bel homme.
Sabbataï est son nom, il est le Rédempteur
     de tous les enfants de son peuple, la nation d'Israël.

De grâce, rehausse son nom, ô Dieu,
    car, tu as, mon cher, élu Cevi.
Le Messie divin, Zemah, germera
    et il exultera de proclamer Dieu,
Pour racheter Israël qui sanctifie ton nom,
    car tu es grand et viens (à pas) légers comme le cerf.
Là-bas, sur la montagne de Sion, ma ville,
    la voix de mon bon apôtre (dit) : Ma lumière est venue,
Par l'entremise d'un homme, guide de la justice, mon maître,
    car tu chéris la ville belle.
Israël attend le Cevi,
    on désire toujours voir son visage.
Qu'il sorte avec la couronne et que les affligés voient
    que' Cevi est fidèle à rassembler (les exilés).
Encore une fois nous apporterons un chant de grâces,
    lorsque Nathan le prophète viendra à lui.
Nous crierons à Élie : Mon père, mon père,
    car tu vas relever le sultan Cevi.

LES

ZINDÎQS EN DROIT MUSULMAN,

M. CL. HUART.

———————

Sous le règne du sultan ottoman Suléïman Ier, il parut à Constantinople un novateur du nom de Qâbizh appartenant au corps de l'uléma, qui enseignait publiquement que Jésus-Christ était supérieur au prophète Moḥammed. Traduit le 8 çafar 934 (3 novembre 1527) devant les deux caziaskèrs de Roumélie et d'Anatolie, il fut condamné à mort sans avoir été convaincu d'erreur, condamnation que le grand-vizir Ibrahim-pacha, favori du sultan, refusa de laisser exécuter. Sur l'ordre du sultan lui-même, le qâdhi de la ville et le chéïkh-ul-Islam furent convoqués pour le lendemain; le premier était Sa'd-eddîn, connu sous le nom de Sa'dî-Tchélébî; et le second, Kémâl-pacha-zâdè Chems-uddîn Aḥmed, l'auteur de l'histoire de la campagne de Mohacz. « Après avoir longtemps discuté avec Qâbizh, dit Hammer⁽¹⁾, et cherché inutilement à le ramener à résipiscence, ils le condamnèrent à mort en observant toutes les formes voulues par la loi. Ce terrible fetva trouva Qâbizh inébranlable et son courage ne se démentit point jusqu'au dernier moment. »

Ce que les historiens ne disent pas, c'est que la principale accusation portée contre ce novateur était d'être *zindîq*, c'est-à-dire manichéen; mais au XVIe siècle de notre ère on ne savait

---

(1) *Histoire de l'Empire ottoman*, t. V, p. 99. Comparez Mouradjea d'Ohsson, *Tableau de l'Empire othoman*, t. I, p. 153; *Târîkh-i Pétchévî*, éd. de CP. 1283 hég., t. I, p. 124.

plus à Constantinople ce que c'était qu'un *zindîq*. Kémâl-pacha-zâdè se livra, à l'occasion de ce procès, à des recherches d'érudition considérables pour son époque et les résuma dans un opuscule inédit conservé en manuscrit dans plusieurs bibliothèques de la capitale de l'Empire ottoman. Le texte arabe que nous analysons ici fait partie d'un manuscrit de la bibliothèque fondée par Kieuprulu Méhémet-pacha, n° 1580 [1]; on en trouve également d'autres exemplaires à la bibliothèque de Sainte-Sophie [2].

Nous passerons sous silence la discussion relative à l'étymologie du terme *zindîq*, qui n'est d'aucun intérêt pour nous. Le regretté J. Darmesteter a établi que ce terme remonte au pehlevi des Sassanides [3]. Les auteurs arabes le prennent couramment comme un synonyme de manichéen [4]. Mais nous suivrons vo-

---

[1] Le titre est رسالة ة تصمِم معنى الزنديق «Traité de la vraie signification du mot *zindîq*».

[2] Notamment dans les recueils n°° 4794, 4797 et 4820, avec une légère variante dans le titre, لاط au lieu de معنى. Cf. *Catalogue de la bibliothèque de Sainte-Sophie*, en turc, C P. 1304 hég., p. 295, 301 et 313.

[3] Traduction de l'*Avesta*, t. I, p. 384, note 8, à propos de *zañdâm* du Yaçna. hâ 61, 3, la magie : «Le *zand* est le prophète des magiciens, et c'est par le *zand* que l'on peut faire la magie.» — Le Mînôkhard compte au nombre des grands crimes religieux la *zañdîki*, qui consiste à croire qu'il peut venir du bien d'Ahriman et des dêvs. Il s'agit sans doute de ces sectes adoratrices du diable, dont les Yézidis et les Shaïtan-parast sont le spécimen moderne. Sous les Sassanides et les Arabes on étendit le nom de zandîk aux manichéens et aux athées, et on le rattacha artificiellement au nom du zend, *zañti* «le commentaire traditionnel de l'*Avesta*», les sectes ayant essayé, d'après un procédé bien connu, de faire passer leurs hérésies destructives des dogmes révélés, sous le couvert de la tradition plus maniable et infiniment extensible.» Je considère comme invraisemblable et non démontrée l'étymologie récemment proposée par M. Vollers (*Beiträge z. kenntniss d. leb. arab. Sprache in Aegypten*, dans la *Zeitschrift d. D. M. G.*, t. L, 1896, p. 642), qui dérive *zindîq* de γνωσΊιxόs. Cf. encore Darmesteter dans le *Journal asiatique*, 1884, t. I, p. 362 et suiv.; M. Clermont-Ganneau, dans le *Journal officiel de la République française*, n° du 26 juillet 1884, p. 3999.

[4] *Mafâtîh el-'Oloûm*, éd. G. van Vloten, p. 37.

lontiers l'érudit chéikh-ul-islam sur le terrain juridique, et ses études nous fourniront encore d'utiles indications.

Kémâl-pacha-zâdè tâche d'établir la définition juridique du terme de *zindîq* en le séparant nettement des expressions d'un sens approchant, qui ont pu à diverses reprises être confondues avec lui. « Comme la religion des *zindîqs* est en dehors de toutes les religions célestes et que leur livre, en autorisant la communauté des biens et des femmes et en décidant que tous les hommes seront associés pour les posséder comme ils le sont dans la possession de l'eau et des pâturages, est opposé à ce qu'on trouve dans les livres divins quels qu'ils soient, les Arabes appellent *zindîq* et rattachent au livre de cette secte quiconque se met en dehors des religions célestes en niant l'unité de la divinité, ainsi qu'en dehors de la plupart des principes religieux sur lesquels elles sont d'accord; et ils comprennent sous ce nom soit ceux qui nient l'existence du Créateur, comme les matérialistes (*dahrî*), soit ceux qui nient son unité, soit encore ceux qui lui refusent science et sagesse; c'est ainsi qu'Ibn er-Râwendî [1] a pu s'écrier : « Que d'hommes intelligents marchent pénible-« ment dans la vie, et que d'ignorants l'on voit riches! Voilà qui « laisse l'imagination stupéfaite, et rend *zindîq* le savant éru-« dit! » Ce qui veut dire que si le. monde avait eu un Créateur sage, jamais l'homme intelligent n'aurait été dans la misère tandis que l'ignorant est heureux et tranquille.

Suivant Kémâl-pacha-zâdè, Teftâzâni et Djordjâni ont eu tort tous les deux d'attribuer au mot *zindîq* le sens de « qui cache son infidélité sous les dehors de l'islamisme » dans leur commentaire sur le *Miftâh* [2], parce que ce sont les juriscon-

---

[1] Surnom d'Abou'l-Hosaïn Aḥmed ben Yaḥya ben Isḥaq, philosophe qui professait une doctrine particulière, mort en 245 (859). D'Herbelot, *Bibliothèque orientale*, v° Ravendi; Ibn-Khallikân, *Biograph. Dictionary*, t. I, p. 77.

[2] *Miftâh el-'Oloûm*, traité complet de la grammaire et de la littérature arabes,

sultes seuls qui ont attribué ce sens au mot *zindiq*, et non l'usage courant de la langue.

« Pour résumer, le mot *zindiq*, dans la langue des Arabes, s'emploie absolument pour désigner celui qui nie le Créateur, celui qui lui attribue un associé, et celui qui nie sa sagesse ; ce terme n'est point affecté exclusivement à l'une ou l'autre de ces significations. La différence entre le *zindiq* et le *mourtadd* (apostat), c'est que le premier peut ne pas être apostat, comme c'est le cas de quelqu'un qui est *zindiq* d'origine et n'a pas eu, par conséquent, à quitter l'islamisme ; et que l'apostat à son tour peut ne pas être *zindiq*, comme par exemple celui qui abandonnerait l'islamisme pour embrasser une autre religion spiritualiste ; ces deux qualités peuvent aussi être parfois réunies dans la même personne ; tel serait un musulman qui deviendrait *zindiq*. Mais sur le terrain du droit, la différence entre les deux expressions est évidente, puisque les jurisconsultes considèrent dans le *zindiq* qu'il dissimule son infidélité sous les dehors de la vraie foi, tandis que cette idée n'est généralement pas comprise dans le terme d'apostat.

« Il y a encore, dans l'expression de *zindiq*, une autre idée admise également par les jurisconsultes et qui sert aussi à différencier ce terme de celui de *mourtadd;* c'est que le *zindiq* admet la mission prophétique de Mohammed. Teftâzânî l'a expliqué dans son commentaire sur le *Maqâçid*[1], dans le passage où il entre dans des détails sur les différentes sectes d'infidèles : « Il paraît donc que le mot de *kâfir* désigne celui qui « n'a pas la vraie foi. Si une telle personne fait montre de sen-

---

par Sirâdj-ed-dîn Youssouf es-Sekkâkî (mort en 626 = 1228), qui a été commenté par Teftâzânî, par Djordjânî et par Qotb-eddîn Mahmoûd ben Mas'oûd ech-Chirâzî (mort en 710 = 1310). Cf. Ḥadji-Khalfa, t. VI, p. 15 et suiv., n° 12578.

[1] Ouvrage de théologie scholastique de Sa'd-eddîn Mas'oud ben 'Omar et-Teftâzânî, commenté par son propre auteur. Ḥadji-Khalfa, t. VI, p. 48, n° 12669.

« timents religieux (sans les posséder réellement), on la désigne
« par le terme de *monâfiq* (hypocrite), et si son infidélité se mani-
« feste après qu'elle a été musulmane, on la nomme *mourtadd*
« (apostat), parce qu'elle s'est débarrassée de l'islamisme; si elle
« professe la croyance à l'existence de deux dieux ou de plu-
« sieurs, on l'appelle *mochrik* (polythéiste), parce qu'elle associe
« une autre divinité à Dieu; si elle appartient à une religion et
« reconnaît un livre abrogé par l'islamisme, on la nomme *kitâbî :*
« c'est le cas du juif et du chrétien. Si elle prétend que le
« monde a existé éternellement dans le passé et lui attribue
« tous les événements contingents, c'est un *dahrî* (matérialiste);
« si elle nie les preuves de l'existence de Dieu, on l'appelle
« *mo'aṭṭil* (athée); enfin si elle est infidèle d'un commun accord
« وإن كفر بالاتفاق, on la nomme *zindîq.* » Voilà ce que dit cet auteur; mais il faut remarquer que les jurisconsultes ne donnent
le sens précité qu'au *zindîq* musulman et non au *zindîq* en général, car celui-ci peut être polythéiste ou tributaire (juif ou
chrétien). Teftâzânî n'a donc pas réussi à expliquer complètement la distinction qui sépare le *zindîq* de toutes les autres
sectes, parce qu'il donne à ce terme un sens spécial qui n'em-
brasse qu'une de ses parties. En outre, dans l'expression بالاتفاق,
il y a une allusion à une autre différence entre le *zindîq* et le
mourtadd, c'est que l'infidélité extérieure admise dans la définition de ce dernier, n'a pas besoin du *consensus omnium* إجماع
pour être prouvée, au contraire de l'infidélité cachée qui est
comprise dans la définition du mot *zindîq*.

« Quant à la différence qu'il y a entre le *zindîq* et le *monâfiq*
(hypocrite), bien que leur infidélité à tous deux soit secrète,
c'est que le premier reconnaît la mission prophétique de Moḥammed, et le second non. La distinction entre le *zindîq* et le
dahrî, c'est que le second nie l'attribution des événements contingents à un Créateur libre, au contraire du premier; et celle

qui existe entre celui-ci et le *molḥid*, c'est celle qu'a établie Ḥá-
fizh ed-dîn el-Kerdérî [1] dans ses fetvas connus sous le nom de
Bezzâziyyèh (fetvas du marchand de toile), à savoir que l'aveu
de la mission prophétique de Moḥammed existe chez le premier
et non chez le second, ainsi que la croyance à l'existence d'un
Créateur libre.

« La dissimulation de l'infidélité n'est pas prise en considération chez le *molḥid*, c'est ce qui le distingue du *monáfiq*; il
n'est pas non plus nécessaire qu'il ait été d'abord musulman,
car ce serait alors un *mourtadd* ou apostat; le terme de *molḥid*
désigne celui qui s'est détourné de la voie droite et a incliné,
en dehors des prescriptions de la saine doctrine, vers un côté
quelconque de l'infidélité et une religion quelconque de l'erreur [2].

« Après avoir déterminé le sens du mot *zindîq* dans la langue
commune et dans celle du droit, nous allons passer au trai-
tement légal qui peut être appliqué à ces sectaires. Notons
d'abord que le *zindîq* peut être avéré comme tel et se livrer au
prosélytisme, ou non. En second lieu, il y a ce que mentionne
l'auteur du *Hidayèh* [3] dans son ouvrage intitulé *Tedjnîs* [4], lorsqu'il dit, dans une section consacrée aux *zindîqs* et prise du
'Oyoûn el-Masá'il du jurisconsulte Abou 'l-Léith [5] : « Les *zindîqs*

---

[1] Moḥammed ben Moḥammed ben Chihâb, surnommé Ibn el-Bezzâz «le fils du
marchand de toile». Sur ses fetvas, cf. Ḥadji-Khalfa, t. IV, p. 354, n° 8737.

[2] Le pluriel ملاحدة désigne en général les hérétiques, mais plus particulièrement les Ismaéliens, Bâténiens ou Assassins. Cf. Quatremère, *Histoire des Mongols*,
t. I, p. 122, note 6.

[3] Célèbre traité de jurisprudence hanéfite, par Borhân ed-dîn 'Ali ben Abi-
Bekr el-Marghinâni, mort en 593 (1196).

[4] *Et-Tedjnîs w'el-Mézîd*, sur lequel on peut consulter Ḥadji-Khalfa, t. II,
p. 206, n° 2467.

[5] *Les sources des questions*, ouvrage de jurisprudence hanéfite de Naçr ben
Moḥammed es-Samarqandî, mort en 375 (985), qui a écrit cet ouvrage en colla-

« peuvent être considérés de trois façons différentes. Le *zindiq*
« peut être polythéiste d'origine, ou musulman converti au zin-
« diqisme, ou tributaire (chrétien ou juif) converti à la même
« secte. Dans le premier cas, on le laissera dans son polythéisme,
« c'est-à-dire s'il est étranger, car en ce cas il est infidèle d'ori-
« gine; dans le second cas, on lui offrira l'islam; s'il accepte,
« tant mieux, sinon il sera mis à mort, car c'est un apostat; dans
« le troisième cas, on le laissera dans son état, car les infidèles
« ne forment qu'une seule communauté. » L'auteur a dit : On
le laissera dans son polythéisme s'il est étranger, parce que le
polythéiste de race arabe ne peut rester dans sa croyance; il
n'y a pour lui que le choix entre l'islamisme et le sabre. Pour
le second cas, c'est également clair, en ceci que le *zindiq* musulman ne diffère en rien de l'apostat au point de vue du trai-
tement légal qui doit lui être appliqué, lorsqu'il ne fait pas de
prosélytisme et ne s'efforce pas de troubler la religion qu'il suit
extérieurement. Le premier doit absolument se repentir de
bonne grâce et revenir sur ses opinions avant d'être châtié,
tandis que le second est mis à mort, à l'exclusion du premier.
Le jurisconsulte Abou 'l-Léïth a dit : « Si le magicien vient à ré-
« sipiscence avant d'être pris, son repentir sera admis, et il ne
« sera pas mis à mort; mais s'il vient à résipiscence après son
« arrestation, son repentir ne sera pas admis. Il en est de même
« pour le *zindiq* avéré et faisant des prosélytes. » Il y a dans ce
cas une autre manière de voir qui est mentionnée par Ḥâfizh-
eddîn el-Kerdérî dans ses *Fetwas* : « Le magicien ne sera pas
« admis à résipiscence et sera mis à mort; le *zindiq,* suivant le
« *second Iman* Abou-Youssouf[1], sera admis à résipiscence. » Par

boration avec Abou'l-Qâsim 'Abdallah ben Aḥmed el-Balkhî, mort en 319 (931).
Cl. Ḥadji-Khalfa, t. IV, p. 292, n° 8480.

[1] Ya'qoûb ben Ibrahîm ben Ḥabîb el-Koûfî, qui fut le premier grand-cadi de
Baghdad sous Hâroûn er-Rachîd et le continuateur d'Abou-Ḥanîfa, ce qui lui valut

ces derniers mots, l'auteur entend qu'on lui proposera de se
repentir, ce qui indique qu'on acceptera ce repentir s'il se produit, c'est-à-dire qu'il interviendra un jugement prononçant la
mise en liberté du repentant; il n'a pas voulu parler de l'accep-
tation de ce repentir par Dieu, car c'est là une chose dont nous
n'avons nulle connaissance.

« L'auteur du *Kholâsèh* [2] dit ceci : « Dans le *Nawâzil* [1], il est
« porté que l'étrangleur et le magicien seront tous deux punis
« de mort; ces deux sortes de coupables ont été rapprochés l'un
« de l'autre parce qu'ils sont tous deux fauteurs de désordres
« sur la terre. S'ils se repentent avant qu'on se soit emparé
« d'eux, leur repentir sera admis; sinon, il ne sera pas valable
« et tous deux seront mis à mort comme on fait aux coupeurs
« de route; de même pour le *zindiq* avéré et qui propage cette
« secte. » Il ajoute : « Le communiste الاباحى sera traité de même,
« et son repentir sera admis tout d'abord. L'imam 'Izz-ed-dîn el-
« Kendî à Samarqand a donné un fetva dans ce sens; le khâqân
« Ibrahîm ben Moḥammed Toghmatch-Khân [3] a accepté cette
« décision juridique et a fait mettre à mort cette sorte de gens. »
« Si vous m'objectez : Comment le *zindiq* peut-il être repré-
senté comme avéré et faisant du prosélytisme, du moment
qu'au sens légal de cette dénomination, il est considéré comme

le surnom de *second imam*, par allusion à celui de *grand imam* (el-imâm el-a'zham)
sous lequel est connu le fondateur du rite hanéfite. Cf. Mas'oûdi, *Prairies d'Or*,
trad. Barbier de Meynard, t. VI, p. 295.

[1] Il est probablement question ici du *Kholâsat el-Fétâwâ* de Ṭâhir ben Aḥmed
el-Bokhârî, mort en 542 (1147). Cf. Ḥadji-Khalfa, t. III, p. 165, n° 4760.

[1] Ouvrage du jurisconsulte Abou'l-Léith. Cf. Hadji-Khalfa, t. VI, p. 389,
n° 14014.

[3] Roi du Khitâï ou Tartarie, à qui Medjd-eddîn Moḥammed ben 'Adnân a dédié
son histoire du Turkestan ou Khitâï, traduite plus tard en turc par Moḥammed
ben 'Alî Qoûchî. Cf. d'Herbelot, *Bibliothèque orientale*, v° TARIKH KHATAÏ; Ḥadji-
Khalfa, t. II, p. 122, n° 2187; p. 127, n° 2209, et p. 143, n° 2297; Ch. Schéfer,
Trois chapitres du Khitay Namèh, dans les *Mélanges orientaux*, p. 33.

dissimulant son infidélité? Je répondrai : Il n'y a point contra-
diction, car le *zindiq* orne de fausses couleurs son infidélité, et
fait circuler sa croyance perverse en la présentant sous une
forme saine; c'est en ce sens qu'il la dissimule; ce qui ne veut
point dire qu'il ne prêche l'erreur et ne puisse pas être reconnu
comme égaré. Si vous m'objectez encore ceci : Cependant le
sens de ce que dit le savant **Teftâzânî** dans le *Talwîh* [1] « sans
« que ce soit de propos délibéré, sinon c'est un fou et il doit
« être soigné, ou bien un *zindiq* et il doit être mis à mort », n'est-
il pas que celui-ci doit être exécuté par une sentence irrévo-
cable? Je répondrai : Non, parce que le sens est : Qu'il soit tué
s'il persévère dans le zindiqisme, mais cela n'a aucune importance dans ce passage.

« L'imam Ghazzâlî dit, dans son livre intitulé : *De la différence
entre l'islamisme et le zendiqisme* [2] :

ومن جنس ذلك ما يدّعيه بعض مَن يدّعي التصوّف انّه قد بلغ حالةً [3] بينــه
وبين الله تعالى اسقطت عنه [4] الصلوة وحلّ له شرب المسكر والمعاصى وأكل
مال السلطان فهذا ممّن لا شكّ فى وجوب قتله وإن كان فى للحكم بخلوده فى النار
نَظَرٌ [5] وقتل مِثْل هذا أفضلُ من قتْلِ مائة كافر اذْ ضررُه فى الدين اعظم وينفتح

---

[1] *Et-talwîh fî kèchf haqâiq et-Tanqîh*, commentaire sur le *Tanqîh el-'Oçoûl*
d''Obéïdallah ben Mas'oûd el-Mahboûbî el-Bokhârî (Hadji-Khalfa, t. II, p. 443,
n° 3674).

[2] العَفْرِقَة بين الإسلام والزندقة. Cet ouvrage n'est pas mentionné par Hadji-Khalfa,
ni par Ibn-Khallikân, *Biogr. Dictionary*, t. II, p. 621 (biographie de Ghazzâlî).
La bibliothèque de Sainte-Sophie, à Constantinople, en possède deux exemplaires,
l'un coté n° 4810 (4) et l'autre n° 2200 (1, *lisez :* 2). Nous avons eu ce dernier
entre les mains et avons relevé les variantes qu'il présente avec le passage cité dans
le texte de Kémâl-pacha-Zâdè (= K; Ghazzâli = Gh).

[3] Gh. حاله.

[4] K. عنده.

[5] Manque dans K.

به بابٌ من الإباحة لا ينسدّ وضرر هذا فوق ضرر من يقول بالإباحة مطلقًا
فانه يمتنع عن[1] الاصغاء إليه لظهور كُفره وامّا[2] هذا فيهدم[3] الشرع من
الشرع ويزعم أنّه لم يرتكب الآ[4] تخصيص عموم إذ خصوص عموم[5] التكليفات
لمن ليس له مثلُ درجته فى الدين وربّما يزعم انّه يلابس الـدنيـا ويـفـارق
المعاصى بظاهره وهو بباطنه برىٔ عنها ويتدائى هذا إلى أن يدّعى كلّ فاسق
مثلَ حاله فينحل[6] به عصابة[7] الشرع ؛

« Il faut ranger dans la même classe ce que prétendent certains faux çoûfîs, qu'ils atteignent une extase qui les rapproche
de Dieu, telle qu'elle les dispense de la prière, et que l'usage
des liqueurs fermentées, les péchés de toute espèce, l'accapa-
rement des biens de l'État, leur sont choses permises; or il n'y a
point de doute que de tels gens doivent être punis de mort, bien
qu'il y ait quelque probabilité qu'ils demeureront éternellement
dans l'enfer. Le meurtre d'un individu pareil est plus méritoire
que de tuer cent infidèles, puisque le mal qu'il fait à la religion
est plus grand et qu'il ouvre au communisme une porte qu'on
ne saurait fermer. Le dommage qu'il cause est plus grand que
celui fait par un homme qui professerait absolument le communisme, car on éviterait d'écouter ce dernier à cause du caractère
bien visible de son infidélité, mais l'autre détruit la loi par des
moyens légaux, et prétend qu'il ne commet pas de péchés, si
ce n'est la spécialisation des termes généraux de la morale,
puisque la spécialisation des devoirs généraux n'est faite que

[1] Gh. من.
[2] K. اتّا.
[3] K. يهدم.
[4] K. الآ فيه.
[5] Ces trois mots manquent dans Gh.
[6] K. وينحلّ.
[7] K. عصام.

pour ceux qui n'ont pas, comme lui, atteint un rang aussi élevé dans la connaissance de la religion. Souvent il prétend qu'il prend les dehors du monde et a l'air extérieurement de commettre des péchés, tandis qu'il en est innocent dans son for intérieur; cette prétention fait que tout libertin pourrait se vanter d'avoir atteint un degré égal au sien, et il relâche par là les liens de la loi. »

En résumé, pour Kémâl-pacha-zâdè, *zindiq* est, dans l'usage courant de la langue, un terme qui s'applique aux matérialistes, aux polythéistes et à ceux qui nient la sagesse de Dieu; et dans la langue du droit, il signifie celui qui cache son incrédulité sous les dehors de la vraie foi et qui admet la mission prophétique de Moḥammed et l'existence de Dieu; au point de vue pénal, s'il est musulman d'origine, le *zindiq* doit être condamné à la peine de mort, à moins qu'il ne se repente antérieurement aux poursuites; s'il est polythéiste, chrétien ou juif, il doit être relaxé. Mais il est visible que le savant Chéïkh-ul-islam ne trouve dans le *zindiq* qu'un libre penseur, pratiquant extérieurement l'islamisme; son érudition incomplète ne lui a pas permis de bien voir que jusqu'à la fin du xe siècle de notre ère, la secte que l'on comprenait sous cette dénomination se composait de gens attachés de cœur au manichéisme, bien que musulmans pour tout le monde.

Jusqu'à cette époque, il y avait à Baghdad des réunions où l'on discutait librement toutes les religions; on y voyait des infidèles, des zoroastriens, des matérialistes, des athées[1]. Les vers *zindiqs* cités dans l'Aghânî[2] sont clairement manichéens. Déjà, avant l'islamisme, il y avait eu des *zindiqs* et des maté-

---

[1] C'est un pieux théologien d'Espagne qui rapporte ce fait, mais Dozy, *Essai sur l'histoire de l'islamisme*, p. 341 (trad. par Chauvin), ne cite pas son auteur.

[2] T. XIII, p. 74 et 76.

rialistes dans la tribu de Qoréich, comme le magisme et les doctrines de Mazdak avaient été représentés chez Tamîm, le judaïsme et le christianisme chez Ghassân [1]. Au xiiie siècle, Dimachqî en signale encore dans les environs de Çafed en Palestine [2]. En Espagne, tout philosophe, tout astronome passait pour *zindîq*, qualification injurieuse qui restait attachée au nom du savant pendant toute sa vie [3]. Le khalife ʿabbâside el-Mehdî fut un grand persécuteur des *zindîqs* [4] et établit même un véritable office de l'inquisition dirigé contre eux et confié à ʿOmar el-Kalwâdhî et plus tard à Moḥammed ben ʿÎsâ Ḥamdawaïhi, originaire de la Mésène (Maïsân) [5]. Cette persécution continua sous le règne d'El-Hâdî, son fils [6]. La secte disparut progressivement [7], et il n'en resta que le nom qui avait servi à la désigner et qui fut appliqué à tort et à travers à des hérétiques dont les opinions n'avaient plus rien de commun avec les doctrines du manichéisme.

[1] Abou-Zéïd Aḥmed ben Sahl el-Balkhî, *Kitâb el-bèd' wèt-tárîkh*, de ma copie, cahier VII, fol. 4 rᵒ.

[2] Éd. Mehren, p. 200; trad., p. 278, note 1.

[3] E. Renan, *Averrhoès et l'averrhoïsme*, p. 27, d'après Maqqarî cité par Gayangos, I, 141.

[4] Cp. l'*Histoire d'Abou'l-Féda*, éd. de Constantinople, 1286, t. II, p. 10; *Kitâb el-ʿOyoûn*, éd. de Goeje, p. 279; Ibn-Châkir, *Fawât el-Wafayât*, t. II, p. 280.

[5] Ṭabari, t. III, 2ᵉ fasc., p. 519-522.

[6] Soyoûṭî, *Histoire des khalifes*, p. 282, cité par Dugat, *Histoire des philosophes*, p. 75.

[7] Fihrist, t. I, p. 337.

LE
DIALECTE DE CHIRÂZ DANS SA'DÎ,

PAR

M. CL. HUART.

———•———

M. Browne, professeur à l'Université de Cambridge, a publié dans le journal de la *Royal Asiatic Society* [1], entre autres documents relatifs à la poésie populaire des provinces persanes, le texte, suivi d'un commentaire philologique et de la traduction, d'un petit poème de Sa'di écrit en patois. Tel qu'il le donne, il l'a tiré d'un manuscrit moderne qui lui avait été envoyé de Constantinople; mais ce morceau figure déjà dans l'édition des *Kulliyât* publiée à Bombay, et une comparaison des deux versions n'aurait pas été inutile. Il nous a paru que ce curieux petit poème méritait une étude plus approfondie, et nous avons tenté d'en établir le texte par la comparaison critique de diverses sources.

Tout d'abord, en quel dialecte est-il écrit? Le commentateur turc de Ḥâfiz, Soûdî, à propos de quelques vers de ce dernier poète, l'appelle « langage particulier de la ville de Chîrâz [2] ». On est en droit de se demander jusqu'à quel point cette attribution est exacte, et quels sont les motifs qui ont autorisé le commentateur à faire honneur de ces quelques vers au patois local du lieu de naissance de Ḥâfiz; avait-il rencontré dans ses lectures des exemples analogues, ou avait-il eu recours aux lu-

---

[1] *Some notes on the poetry of the persian dialects,* dans le numéro d'octobre 1895, p. 773 à p. 825.

[2] شیرازی مخصوص بردیل. *Commentaire de Ḥâfiz,* éd. de Constantinople, 1250 de l'hég. t. III, p. 373. Comparez Browne, ouvrage cité, p. 802.

mières de quelque émigré iranien? Soûdî, avec une superbe
négligence, a oublié de nous en informer. Je pense néanmoins,
malgré son silence, que Soûdî a eu raison, car l'on trouve,
dans l'édition du *Dîvân-i Elbisè*, de Maulânâ Niẓam-eddîn Maḥ-
moûd Qârî de Yèzd, publiée à Constantinople en 1303 de l'hégire par feu Mirzâ Ḥabîb el-Içfahânî, p. 39, une pièce donnée
comme étant en dialecte de Chirâz; or, on y rencontre des
points de rapprochement avec le texte de Ḥâfiz, tels que, par
exemple, la conjonction عر pour اًكر «si». Pour le chéïkh de
Kirmân qui a été le guide de M. Browne, les passages en
question sont en patois loure de Chirâz et d'Içfahân [1]. Appe-
lons-le provisoirement dialecte de Chirâz, ce qui le distinguera
de son voisin, le dialecte de Sîwènd [2].

Pour établir le texte de Sa'di, on s'est servi des matériaux
suivants :

1° Un ms. de la Bibliothèque nationale, supplément persan
n° 817 (fonds Ducaurroy), fol. 183 r° et suivants. Ce ms. est en
général d'une écriture très négligée; c'est une sorte de neskhî
cursif peu élégant. Les premières pages paraissent anciennes,
mais le reste du volume semble avoir été refait. Je le préfère
au suivant à cause de la vocalisation du texte chirazien, qui
me semble meilleure. Il est désigné dans cette étude par la
lettre A.

2° Un ms. de la même bibliothèque, supplément persan
n° 816 (également provenant du fonds Ducaurroy), fol. 274 r°

---

[1] Ouvrage cité, p. 773. «Which is the Pahlavi dialect», ajoute le correspon-
dant iranien de M. Browne, ce que je ne saurais admettre, le pehlevi-musulman
étant pour moi un groupe des dialectes du nord de la Perse, remarquable par la
persistance de la racine kar au lieu de kun à l'aoriste du verbe «faire», et qui ne
se rencontre pas dans les textes dits de Chirâz.

[2] Cl. Huart, *Le dialecte persan de Sîwènd*, dans le *Journal asiatique*, mars-avril
1893, p. 241 et suiv; Edw. G. Browne, ouvr. cité, p. 776 et 786.

et suivants. Ce ms. est très ancien et de bonne apparence; malheureusement il y a beaucoup de corrections et de grattages. Il sera désigné par la lettre B.

3° L'édition lithographiée des *Kulliydt* de Bombay. Ce texte représente un manuscrit qui n'est pas trop mauvais. Il est désigné par la lettre C.

4° Les leçons qui ont été fournies par quatre autres mss. de la Bibliothèque nationale ne sont indiquées que pour être complet. Ces copies sont plus récentes que les deux premières A et B. Je les désigne de la façon suivante : D, ms. supplément persan n° 814, sans date, rapporté de Constantinople par Outrey au commencement du siècle : fol. 234 r° et suiv.; E, suppl. persan n° 523, mauvais et incomplet : fol. 34 v° et suiv. ; F, ancien fonds persan n° 239 ; G, ancien fonds persan n° 238 (ms. de l'an 946 de l'hég.) : fol. 230 v° et suiv.

5° La lettre H indique les leçons d'un ancien manuscrit ayant appartenu à feu Mîrza Ḥabîb el-Içfahâni, dont j'ai perdu la trace lors du décès de son possesseur.

Dans les pages qui suivent, le texte en dialecte de Chîrâz est seul donné; les lettres A et P indiquent respectivement la traduction des vers arabes et persans.

POÈME TRILINGUE DE SA'DÎ.

A. Ô mon ami, la vraie direction est plus sûre et plus profitable, mais il n'y a que celui que Dieu guide qui en profite.

P. Les gens favorisés du destin écoutent les conseils, les sages acceptent les avis des pauvres eux-mêmes.

گُش اتهن[1] دار امحت خاطر نَرَنزِت[2].

که تُخَنِی[3] عــاقِــلى ده بار اُتَــنْــزِت[4]

Écoute mon discours, si ta pensée n'en doit pas souffrir, car la parole d'un sage, il la pèse dix fois (avant de la prononcer).

A. Celui que tu crois faible, ne sois pas dur pour lui ; celui que tu crois puissant, n'essaie pas de briser son pouvoir.

P. Que la fourmi prise sous le pied d'un chameau avait raison de dire : O toi qui est gros et fort, ne martyrise pas les faibles !

که منعم[5] بى مبر[6] کول اچ[7] درویـش

که وانش[8] مى نبى[9] دنبل مزش[10] لیــش

Si tu es riche, ne trompe pas le pauvre par tes paroles ; celui qui n'a pas d'abcès, ne lui plonge pas la lancette (inutilement dans le corps).

A. Ne cherche pas à diminuer celui qu'on respecte, car l'arc du destin ne lancerait pas joyeusement ses flèches.

P. Si tu le peux, panse les blessures ; tant qu'une flèche ne t'a pas renversé, que sais-tu (qu'elle t'atteindra)?

---

[1] G اتخذ, D امى, G اتهن. — کُش est une forme abrégée de کوش «oreille». تهن (précédé du pronom اُ, et تخنى dans le second hémistiche sont deux formes dialectales pour خنى «parole»; on peut supposer un intermédiaire تُخَنِ. Cf. Browne, op. laud., p. 779, n° 37, où les deux exemples cités appartiennent précisément à ce vers.

[2] A نرنرت, C نربرت, D برنزت, E برندخ, G برنزت, H برنزت. Sur dj remplacé par z, cf. Browne, ibid. n° 21. — امحت est une contraction pour امرت «si à toi».

[3] A ححتى, C ححتى, D تُحنى, E بعى, G عبى.

[4] A اتترت, C ده بارا تمزت, E انبزت, H استرت. — Ce mot équivaudrait à سنجيدن par application des règles 21 et 37 de Browne (voir ci-dessus, note 1) et par prosthèse d'un ا.

[5] D, E, G کمنعم. Ce vers manque dans B.

[6] A برمبر, C به مبر, E مبر ى, G مى مبر.

[7] A اچ, C او اچ, D اچ, E et G اتجه, H الج.

[8] A کوانش, C et G دانش, E آتش, H که محهش.

[9] A واى, E میدى, G مى نبى.

[10] C et H مزن, E بش موش, G حرس سش.

ببات اى دهرِ دُنهرا⁽¹⁾ تـيـراز اى⁽²⁾ يُشـت

نه هم شى⁽³⁾ تيرنَه⁽⁴⁾ كمان بوكش اى كُشت

Il faut à ce siècle vil une flèche dans ce dos; la flèche n'est même pas partie, elle est encore dans l'arc, celle qui tuerait celui-ci.

A. Agis poliment, reste debout, et ne tourne pas pour t'avancer; sois humble pour t'élever, et non orgueilleux, car tu t'en repentirais.

P. En effet, bien des fois déjà le ciel a tourné sur lui-même en donnant l'un et en retirant l'autre.

نه كت تفسير وفِق خوانـد اشتى⁽⁵⁾ ابـهـشـت

بَسِمْ دِى كه سورى مانـد وبيده پيـذ شت⁽⁶⁾

Ce n'est pas parce que tu auras étudié les commentaires du Qor'an et la jurisprudence que tu iras en paradis; j'ai vu souvent que le cavalier restait là où le piéton passait.

A. Que l'homme bien dirigé pardonne le mal à ceux qui sont égarés, et qu'il se moque, devant vous, de ceux qui lui disent des injures!

P. Moi, je n'ai jamais dit de mal de ceux qui sont tombés, car j'ai craint de tomber un jour à mon tour.

كمسكينى⁽⁷⁾ ادست وخذا تو⁽⁸⁾ بهريت⁽⁹⁾

مخنى شزدم⁽¹⁰⁾ نذان⁽¹¹⁾ جنداناك⁽¹²⁾ بكريت⁽¹³⁾

⁽¹⁾ A دوهدا , C دوبرا , D دوهرا , E دهرى , H دواهت . Ce vers manque dans G.

⁽²⁾ B et D اى ازى , C ازّى , E ارى , H ادى .

⁽³⁾ A et B نه هم شى , H نه شى , E نه همشى , C نه هش , بهم سى .

⁽⁴⁾ C اين نهرو نه , H تهرايه . Il faut نه pour le mètre, au lieu de أنّه qu'ont en général les mss.

⁽⁵⁾ A اهى , C اشته , D اشت , E سى . Ce vers manque dans G.

⁽⁶⁾ A دبيده بد شت , H هنده بد ست , E ديبده ببد شت , D وبيده اشت , C وبيده ديشت .

⁽⁷⁾ C كككى , G كسكنى .

⁽⁸⁾ C وخدا نو , G وخداوند نو , E دخدا تو , D وخدا تو .

⁽⁹⁾ B بهريت , E مهريت , G بهرت .

⁽¹⁰⁾ B خز دم , E مخن سر دم , G مخن هر دم , H مخن شعر دم . Browne lit بِم pour «دِم «visage» et traduit : «ne lui ris pas à la face».

⁽¹¹⁾ A بدان , C وان , D ندالك , E مدان , G ندان , H ندانو .

⁽¹²⁾ G حبداك , E جندان كه , D خنداناكه , C جنداناكه .

Si un pauvre te tend la main au nom de Dieu, ne ris pas au même moment qu'il pleure.

A. Tant que tu iras voir cette jeune personne, je te glorifierai; mais n'abuse pas de cette permission, car ton amie se fatiguerait.

P. Le bonheur diminue par de trop nombreuses visites; moins on se voit plus on se désire.

عزیزی کِتّ هِنْ أَشْ⁽¹⁾ هردم مشو بِشْ⁽²⁾

که محبت هم⁽³⁾ ملال آرت بِش از بِش

Un ami que tu as, ne va pas à chaque instant auprès de lui, car la conversation qui outrepasse les bornes fatigue.

A. Distingue ces pauvres qui désirent leur nourriture, et ne porte pas envie à un riche dont le pouvoir croît sans cesse.

P. Tandis qu'on te fait remarquer ce pouvoir et ce rang, vois le pied du paysan enfoncé dans la boue.

وُجِه تُرُش رو شِبِه⁽⁴⁾ کِم بِرْغ خــان نی⁽⁵⁾

تَذان⁽⁶⁾ مسکین⁽⁷⁾ خبر هِن کِثْ خُه نان نی⁽⁸⁾

Écoute : pourquoi aurais-je un visage renfrogné, parce qu'il n'y a pas d'herbes sur la table? Ne penses-tu pas à ce pauvre qui n'a pas même de pain?

---

(1) B مُی اِشْ, C هنش, D می اش, E کَنهِی, H هر اش .

(2) ‎ اِی بِشْ . مخو بِش H ‎, مدد بِمِشْ E ‎, مهو ابِش D ‎, مهش بِش C ‎, بحو بِش B ‎, مَرْوْ بِثْ A ici pour بِمِش «devant, auprès», tandis que dans le second hémistiche il représente بِش «plus»; *bich èz bich*, comme qui dirait «tant et plus».

(3) H هم, ce qui donnerait au verbe suivant le sens de «me fatiguerait».

(4) B کت, C بدی, D تِرکت, E نبر, G شِیَ .

(5) A نیست, B نیست, E et G نی, H وجان نیست .

(6) B et C تزان, D تَرْآن, E بِران, G تِران, H ترا .

(7) A تسکین, E مِشکی .

(8) A حَبَدْ نی, E حر من .

(9) A خوان نی, B خوان نیست, D خوبان نی, E خِهان نی, G خوبان .

A. Il te faut des viandes rôties et par-dessus des confiseries; demande donc à l'affamé comment il trouve le pain sec.

P. Demande à celui dont les yeux versent des larmes de sang, à cause de la misère où il est réduit, s'il sait en quoi consiste son bonheur.

غَرِشْ نَانْ هَا جِنْ ^(١) از حلوا نَپُرْسِتْ ^(٣)
نُن تَى ^(٣) گُلْشَكَرِهِنْ كَتْ بِكُرْسِتْ ^(٤)

S'il a du pain, il ne s'enquiert pas de douceurs; le pain sec vaut la meilleure sucrerie à la rose lorsque tu as faim.

A. Ô toi qui es voluptueusement couché autour d'un *mangal* (brasero ⁽⁵⁾), souviens-toi du bûcheron dans la large vallée.

P. Alors que le pauvre se tient à la porte, en mendiant un morceau de pain, tu grognes de n'avoir pas de poulet sur ta table.

چِه دَانِدْ ^(٦) اى كِش سَه بِحْ ^(٧) خُوردَسِتْ وَتُفْتِسِتْ ^(٨)
كِه مِسكِينى ^(٩) وَسَرمَاگَشْنِه ^(١٠) خُفِتِسِتْ

Que sait-il, celui qui a mangé son repas et s'est enroulé (dans sa couverture pour dormir), qu'un pauvre s'est endormi, mourant de faim, au milieu de la froidure?

⁽¹⁾ A. جِنْ, C جِهِ, D et G جِه, E حِى, H جِز — هَا est un préfixe verbal analogue à celui du kurde, et جِى est l'indicatif d'un verbe qui signifie «se trouver»; cf. plus bas بِجِت *bidjit* «il se trouve».

⁽²⁾ C نِبُرْسِتْ, D بِرِسِتْ, E برست, H نِدِرْت. Le manuscrit de M. Browne a une mauvaise leçon.

⁽³⁾ B نَى نَهى, D نَى نَهى, E نَى بَهى, H نَى نَهى.

⁽⁴⁾ C بِكُرْسِتْ, E نَكَى سِسِتْ, H سِكَر سِتْ.

⁽⁵⁾ Cf. Dozy, *Supplément aux dictionnaires arabes*, v° مَنقَل.

⁽⁶⁾ B جِدَانِكْ, E حِدَانِدْ.

⁽⁷⁾ A بِحْ, B سِبِحْ, C بِحْ, D et E جْ, F حْ, G et H سِح. M. Browne, dont j'ai suivi la leçon, lit سِح pour طِبِع.

⁽⁸⁾ E omet و, F خُفْتِسِتْ, G حِعتِسِتْ, H وَسِتْ. M. Browne, qui a une mauvaise leçon, écrit : «I cannot understand نُفْتِسِتْ.»

⁽⁹⁾ G بِمِكنى.

⁽¹⁰⁾ A et H كُشْنَه, E, F, G, كَشْتِه. Comparez *waschnegi* «Hunger», dans Houtum-Schindler, *die Parsen in Persien*, p. 67.

A. Pour l'amour de l'argent, si tu viens, tu prends la tête, et si tu laisses derrière toi un prisonnier, tu le regrettes.

P. Si tu as quelque intelligence dans la tête, ne thésaurise pas; si tu es un homme, donne, mange, et vêts-toi.

نوا که (١) بيفته (٢) از هـنجـار ورستـه (٣)

پشيمان (٤) کم نخوردم (٥) توشه نستـه

Il ne faut pas que, tombé hors de la ligne régulière, tu le regrettes en disant : « Je n'ai pas joui, et je n'ai plus les moyens de le faire. »

A. Tu as employé ta vie à amasser ta fortune; réfléchis, ô toi dont la vie se passe au milieu des dangers !

P. Celui-là a réussi dans les champs cultivés de la vie, qui a mangé une part de ses produits et a gardé le reste comme provision.

که ببسندت (٧) که مُه خُز (٨) غصّه بِكْشَم (٩)

که کِردم درد (١٠) بخـورم (١١) يا بـبـخشم (١٢)

Qui admettra qu'on puisse se créer des tracas à soi-même? Ce que j'ai amassé, j'en jouis ou je le donne.

(1) B et C دوانکه, F دركه. — On trouve بوا dans l'expression بوا دى «il faudrait voir» employée par Hâfiz (M. Browne, *op. laud.*, p. 8o3).

(2) B سلتى, C بيطه, D et H بيفته, F دناتسر.

(3) B ورشعه, C ورستـه; pour *richtê* «cordeau», en parallèle avec *hindjâr* «fil à plomb».

(4) C et F پشمان, C پشيمان.

(5) B نخوردو, C نخوردام, H نخوردوام. — Le pronom affixe, dans ce mot, se rapporte au verbe suivant : کم نخورد «que je n'ai pas mangé (joui)», م توشه نسته «à moi provision n'est [plus]».

(6) B سته, D پشته, H نسته.

(7) B مى ببسندت, C et F ببسندت, D ببندت, E نهندت.

(8) B مو حواز H, مو خورد F, مو حدر E, مو خوار D, خوارو C, موخواز B.

(9) E عصه نكشم.

(10) B كرد.

(11) A نخوردم H, دخور F, عزم E, بخورم D, دخورم C, نخورم B, نخُـرم.

(12) B نبخشم, E بای لهم.

A. Un beau visage cachant de laides pensées, c'est comme une lanterne sur le tombeau d'un Mazdéen.

P. Un faux dévôt ressemble au tombeau d'un Guèbre; l'intérieur est un corps corrompu, tandis que l'extérieur est tout musc et camphre.

$$كصوفى^{(1)} نادنه^{(2)} كند اش^{(3)} جهـ كو^{(4)}$$

$$أكور جو مـنت^{(5)} كش در بـه از تـو$$

Un çoûfi ignorant lui fait dire : Merci ! tombe de juif, dont l'extérieur vaut mieux que l'intérieur.

A. Si tu fréquentes un jeune homme de bonne prestance et que l'on te dise : « Sois infidèle ! » ne dispute pas.

P. Ne va pas avec les gens vêtus de vêtements rapiécés, au soir et au milieu de la nuit; mais, si tu y vas, place sous ton aisselle la main des dispositions adroites.

$$چنان^{(6)} نَزدُم^{(7)} دُوت كت جُو خُه^{(8)} واكنـد$$

$$كه ياكش خـورد^{(10)} اديك نِى چه واكنـد^{(9)}$$

Cours à la suite de ceux qui te ressemblent. Il l'a entièrement mangé : que fera-t-il d'une marmite vide?

A. Sois généreux, ô mon ami, et abstiens-toi de commettre des lésineries, car il est possible que les autres aient aussi un homme généreux.

(1) C كه زاهد.

(2) A نادله, B نادنه, C نارل.

(3) B كند اش, C كنعاش, D et F كندش.

(4) C مه كو, D جهه وكو, F جهه كو, H جمكو.

(5) B أكور حو مُنت, C خدمنت, D et F جو ملت, H أكرد حو ملت. — جُو «juif»; comparer le kurde جهو ap. Socin, *Kurdische Sammlungen*, A, p. 294; Jaba-Justi, *Dictionnaire Kurde-Français*, p. 122 (la forme جو est donnée p. 119).

(6) B خبان.

(7) C et H نزوم, F نزدم.

(8) B جون خو, C چه خو, D جون خو.

(9) C واكانـد, H ادكنـد.

(10) C خوردو.

P. Ne dis pas que les pauvres sont sans mérite; s'il y a un homme, sûrement il n'est pas en dehors d'eux.

ده احسان بكنه^(١) واهر وى^(٢) أصولى

شَنَهُ^(٣) ميان هم بچت^(٤) صاحب قبولى

La charité, fais-la même à tout homme malhonnête; car au milieu de ces gens se trouve (peut-être) un homme honnête.

A. Le tailleur de Mossoul a fort bien dit un jour, lorsqu'on lui jeta par terre une quantité de drap : «Or donc, coupe-la.»

P. Il est facile de prononcer une parole toujours prête au bout de la langue, mais faites attention si ce mot peut être prononcé en tout lieu.

غراز مَه^(٥) ميشنه واهركس مگُى^(٦) راز

كه بُجَّغَى^(٧) مى بُرى خِهْتر^(٨) هُذَ^(٩) انداز

Si tu veux bien m'écouter, ne dis pas ton secret à tout le monde, car alors tu couperais la pièce d'étoffe plus petite que la taille [10].

A. Ne confie pas même à ton ami intime tes secrets cachés, de peur qu'il n'avertisse ta belle.

<hr>

[1] D بكنى, F ونكنه, H نكنى.

[2] B واهزبى, C باهروى, F وامردى.

[3] F شه. — شنه se décompose en ش, pronom se rapportant au verbe بچت qui suit, et en la préposition نه, انه «dans», spéciale au dialecte de Chiráz. Nous avons déjà vu, au troisième vers, l'expression تير انه كان «la flèche dans l'arc»; on en rencontre de fréquents exemples dans Boshaq : هندون هى كه مقامش انه تركستانهى «C'est un Hindou établi dans le Turkestan», نه خوان كرم «sur la table chaude»; نه سر سفرة تركان «au bout de la nappe des Turcs»; اگر انعباقى مى روست «s'il a cru dans un jardin.»

[4] F بحت, H بحت.

[5] B et D غرازمو, C عزيزمو, G غرامو, H غوامو.

[6] B مَكُى, C مكوى, D, F et G مكى.

[7] B, C, F et H بچى, G كُجمى; ce mot correspond à جامگى. L'auteur de la traduction interlinéaire utilisée par M. Browne ne l'a pas compris.

[8] D خهتر, G مهتر, H حهتر. — خه = كه «petit», comme خهد = كهد dans le guèbri de Yezd chez Justi, p. 384.

[9] C هد, F واسر, H هر.

[10] C'est-à-dire ne livre pas les petits secrets du métier, tu perdrais ton talent : allusion au tailleur cité dans le vers arabe qui précède celui-ci.

P. Ne te crois pas obligé de dévoiler à ton ami tous tes soucis; car si plus tard il devient ton ennemi, ce sera pour toi péril de mort.

تو از دشمن بــترسى عــاقـل^(١) از دوست

كه نَحتَ^(٢) دشمن ببوت ات^(٣) نست^(٤) پوست

Toi, tu crains ton ennemi, mais le sage craint plutôt son ami; car si celui-ci devient ton ennemi, il ne te laissera pas volontiers la peau sur le dos.

A. Une voix intérieure me disait : «Ne plaisante jamais, si tu ne peux supporter la familiarité des plaisanteries».

P. Quel bon mot que celui de cet enfant à un ami facétieux : «Ne jette pas le feu dans une botte de roseaux!»

كَذَك مى دى^(٥) كش اى رو وا^(٦) جوئ كُفت

مَزُم طَس^(٧) كِت قلاشى^(٨) نتَوُّن اَشنُفْت^(٩)

J'ai vu un enfant qui un jour disait à un jeune homme : «Ne me jette pas le bassin, puisque tu ne peux entendre des paroles libres.»

A. Si, après ma mort, cette poésie te plaît, prie Dieu d'illuminer le tombeau de Sa'dî.

P. Qu'arriverait-il si un homme vertueux priait pour les pauvres (en récitant le verset de la miséricorde)?

<small>
(¹) A عاقِل, B corrigé en عاقِل, C et F عاقل, H عاقل.

(²) C عز, F بحر, H نحب.

(³) A نُبُوَتَر, D omet ات, F بهوتت, G سوتدت, H ببوتات.

(⁴) A سر كمد (résultat d'un grattage et d'une correction), B نست, C بنسبت, D ازسر بكند, F بسنست, G سر بكند, H بسبب دوست.

(⁵) B كركى دى, D et F كذنكى دى, E كزكى دى, H كزل ميدى.

(⁶) A ايروا, B آى زوُآ, C et E اى روز, D ابرو, F ايحروُا.

(⁷) C كس, H موطسيى. — Comparez مزٌش au second vers. طس doit correspondre à طشت ou طسط.

(⁸) C قلاشى, E قلامهى.

(⁹) B, C et F آشُنُفت, E نتوان كفت, H نتوان اشلت. Cf. آشنُفته en guébri de Yezd, l. c., p. 386.
</small>

Moi dont les pensées, mes filles, ont une si belle forme, comment pourrais-je aimer une jeune vierge?

Je serai satisfait de mon enfant parce que je ne me suis pas attaché aux enfants d'autrui.

كه حيرت بُوت[1] ازى معنى[2] كِت اَشْنُفت[3]

بگُئ رحمت وَسعدى با كِش[4] اي[5] گُفت

Puissent les pensées que tu viens d'entendre t'être profitables! Dis : «Miséricorde pour Sa‘dî qui les a énoncées!»

---

[1] E et G بود, F بو.

[2] B, D, E et F ازين معنى, C ازيمعنى, H معنى ابن.

[3] C آشنفت, F et H اشنفت, E كرت سنت, G اسنلت.

[4] C et H باكس.

[5] B, D et F ابن.

LA POÉSIE POPULAIRE

DES TURCS OSMANLIS,

PAR

M. KUNOS.

———•———

On connaissait fort peu la poésie populaire des Turcs Osmanlis. On ignorait à peu près l'existence même de leur poésie populaire, de leur folklore. Leurs productions littéraires
qui ont été publiées, parlaient une langue artificiellement composée, avec force mélange de mots arabes et persans, une
langue à laquelle la population rurale ne comprend rien. C'est
dans cette langue dite «littéraire» qu'on a écrit les *Charkis*,
que l'on considérait à tort comme les chants populaires des
Turcs.

Tout récemment encore, une revue orientale, paraissant à
Vienne, publiait de ces *Charkis*, en les présentant comme des
fleurs des champs, provenant des plaines d'Anatolie. Or, leur
langue et leur facture dénotaient la plume d'hommes de lettres.
Il en est de même pour les contes populaires. Ceux qu'on y
offrait comme contes du peuple turc n'étaient que des *hikia-*
yets d'origine arabe ou persane, analogues aux contes des *Mille*
et une Nuits et traduits dans un langage turc plus ou moins populaire.

Et, de même que la langue littéraire turque, saturée de mots
et de formes arabes et persans, diffère de la langue populaire
exempte de mots étrangers, de même les produits littéraires
turcs diffèrent du tout au tout de ces morceaux poétiques qui
sont les manifestations de la vie intellectuelle du peuple. La différence porte sur la forme aussi bien que sur les pensées.

Les études sur la poésie populaire turque, auxquelles je me suis livré pendant un certain nombre d'années au milieu des populations ottomanes d'Europe et d'Asie, ont abouti à des résultats importants.

Je constatai d'abord que, à côté de la langue littéraire, artificiellement composée, il existait une langue turque vulgaire, qui se distingue par une grande abondance de vocables, par des formes de syntaxe fort développées et qui se prêtent aux images et expressions poétiques tout comme les langues populaires des nations européennes. Cette langue dite *Ḳaba turktchè* (turc populaire), si dédaignée par les Osmanlis instruits, rend à merveille les nuances les plus subtiles de la poésie et possède des formes d'une naïveté adorable pour les sentiments et les pensées. Elle offre une variété étonnante de dialectes, de synonimes, d'expressions poétiques qui ont été négligées par les auteurs des vocabulaires turcs. L'excellent dictionnaire de M. Barbier de Meynard en a recueilli une partie pour les arracher à l'oubli.

Point n'est besoin d'insister, ici, sur la haute importance que ces trésors du vocabulaire turc peuvent avoir pour la philologie turque. Chose étrange, parmi les nombreux idiomes de la race turco-tartare, c'est précisément celui des Osmanlis que la science laisse de côté, bien que ce peuple ait vécu, pendant des siècles, près de nous. L'éminent philologue russe M. Radloff, qui a étudié tant d'idiomes, a négligé cet idiome vulgaire, et M. le professeur Vambéry a recherché plutôt les vestiges des anciens Turcs.

Ce fut avec une vive curiosité que j'abordai l'étude de la langue vulgaire turque de nos jours, car je m'en promettais des trésors folkloristiques cachés dans ses nombreux dialectes. Nous savons maintenant que le peuple turc parle, tant en Europe qu'en Asie, une foule de dialectes précieux pour la philologie; leur étude comparée m'a révélé, surtout en Anatolie, une structure similaire à celle des monuments linguistiques des Seldjouks et des Djagataïs. Quelques-uns de ces dialectes, d'un caractère phonétique particulier, dénotent des tribus qui ont dû appartenir à des races lointaines et ont dû se confondre plus tard avec les Osmanlis, fait qui est attesté par des particularités phonétiques qui diffèrent souvent tout à fait de celles des autres dialectes. On n'a même pas besoin de parcourir l'Anatolie pour se rendre compte de l'importance philologique de ces dialectes. A Stamboul même, le dialecte local présente une foule de vocables qui diffèrent d'une manière frappante de la langue dite « littéraire ».

Les écrivains turcs modernes, et surtout les jeunes écrivains, n'affectent plus de dédaigner la langue vulgaire. Le réveil du sentiment national a fait revivre la langue nationale, qui se reconstitue en remontant aux sources de l'idiome populaire. Les différentes couches superposées de la nation, qui reprend conscience d'elle-même, se pénètrent grâce à cette nouvelle langue littéraire que le peuple commence à reconnaître sienne, à mesure qu'il y discerne ses vocables et ses formes particulières.

Au point de vue du folklore, la langue vulgaire turque n'est pas moins importante, car elle offre des spécimens pour toutes les formes de la poésie et elle s'élève, à cet égard encore, au niveau des idiomes populaires européens; elle est même supérieure à quelques-uns d'entre eux

La poésie lyrique est représentée par les *turkus*, chants dont le sujet varie à l'infini; par les quatrains, *rouba'yi*, qui expriment une idée complète renfermée en quatre vers; par les strophes dites *ma'ni*, et enfin par les chants qui glorifient la vie militaire et l'existence aventureuse des voleurs de grand chemin.

La poésie *épique* est représentée par les *machals* ou *maçals*,

contes de fées et de sorcières qui diffèrent, par la forme et le
sujet du récit, des *hikiayets* lesquels n'existent pas dans le
peuple; enfin les *bilmedjas* sont des contes à charades, en prose,
en langage rythmique ou rimé.

L'élément du *drame* existe également dans la vie du peuple
turc; nous y rencontrons d'abord le *karagueuz*, où les rôles sont
tenus par des figures en crin de chameau peintes de différentes couleurs; nous avons ensuite le drame populaire, dit
orta oyounou, qui ressemble aux mystères bibliques des Européens, et qui est même supérieur à ces derniers par la variété
de l'action.

Les soupirs des jeunes amoureux ne rappellent en rien les dé-
sirs sensuels et parfois pervers qui s'épanchent dans les *charķis*
littéraires. Les *turķus* expriment les passions de l'âme humaine,
et le caractère oriental y éclate dans l'ardeur méridionale des
sentiments et dans le coloris des expressions. L'empreinte de
la religion se laisse rarement deviner dans cette poésie. Il en
est de même pour les chants militaires et les vers qui glorifient
le brigandage, et dans lesquels les personnages et l'action rappellent les récits romanesques analogues composés en Europe.

Ces *turķus* populaires diffèrent aussi par la forme des *charķis*
de la littérature. Ici, c'est la versification à mesures, empruntée
aux Arabes; là, c'est le rythme. Les mélodies reflètent la même
différence. Le rythme, qui domine non seulement dans les poésies des Turco-tartares, mais dans celles de toutes les races
ouralo-altaïques, se retrouve aussi dans les chants populaires
des Osmanlis. Les vers comportent huit, onze ou treize syl-
labes, coupées en deux ou trois cadences; la rime et l'allitéra-
tion y jouent le même rôle que dans les chants hongrois.

Le *ma'ni*, ce quatrain à rimes accouplées, paraît être la forme
la plus antique du chant populaire; le mot *ma'ni* signifie « sens,
signification », et l'expression *ma'ni dtmaķ* (lancer le mani) veut

dire « faire la cour ». Dans les beaux jours de printemps, lorsque
des centaines de kaïks envahissent la Corne d'or, la jeunesse se
porte en foule dans la vallée de *Kia'at-hanè* et *lance les ma'ni*,
ces jolis petits vers qui offrent et sollicitent l'amour.

Une curieuse catégorie de chants, celle des *Bektchis*, se distingue par la verve et l'humeur populaire. Ce sont les gardes
de nuit des divers quartiers qui, pendant le Ramazân, se pro-
mènent tambour battant dans leur quartier, et s'arrêtent devant
chaque maison pour demander, dans une plaisante chanson,
le *bagchich* qui leur est dû. Le sujet se rapporte toujours aux
faits locaux et est émaillé d'images poétiques.

Parmi les poésies épiques, nous relevons d'abord les *machals*,
ces ravissants contes populaires que les savants appellent iro-
niquement *Ķodja Kareuma challareu* (contes de vieilles femmes).
Ces contes ne sont nullement similaires aux contes arabes et
persans dont on peut faire remonter l'origine aux Indes. Les
sujets des contes populaires ottomans se rapprochent plutôt des
contes européens, mais tous semblent dériver d'une source
primordiale commune. Il va sans dire que les rois couronnés
des contes européens coiffent ici le turban, que les héros sont
chaussés de pantoufles, et que les vierges arrachées aux ca-
vernes des monstres sont des filles de sultan qui viennent se
jeter dans les bras de leurs libérateurs.

Les familles turques passent les longues soirées d'hiver cou-
chées autours des *tandours* (poêles oblongs) pour écouter ces
contes débités par les femmes âgées. C'est dans ces contes que
le peuple turc parle son langage le plus musical et excelle par
un tour plein de naïveté et de grâce. La conteuse emploie des
locutions archaïques, des proverbes et des expressions emprun-
tées au passé de la race; les fées bonnes ou méchantes, les *pèris*
les *dives*, les *djadis*, les *ejderahs* (dragons), les *erenler* dirigent
les destinées des fils et filles de sultans, les changent en diffé-

punir, tantôt pour
agir et lutter et con-
ne se ralentit jamais.
à-dire des contes coupés
de jolies mélodies re-
dues d'Achi, Eumene,
trouvères de l'Asie Mi-
des héros et qui subirent
main de leur sultane.
on connaît assez le *Karagueuz,*
Ramazân; l'*Orta-oyounou*, le
hui une rareté.
l'origine de ces divertissements,
actuelle est le produit de la vie
qui y déborde sort de l'âme
l'*Orta-oyounou*, qui est exempt
, et dont l'action coordonnée
part à des œuvres dramatiques
stances n'ont pas favorisé ce dé-
turel, et malheureusement l'art
s'est inspiré de la comédie fran-
duite ou imitée.
maire des différentes formes du *folk-*
quer d'intéresser les ethnographes
la philologie comparée. Le travail
j'ai consacré à recueillir ces trésors
, si le monde savant voulait bien
de ce *folklore* dont les trésors ont
par l'Académie hongroise des sciences.

LES

HACHWIA ET NABITA,

PAR

G. VAN VLOTEN.

I

L'Islam, après le triomphe du Prophète, était une théocratie dont le code, le Qorān, contenait les germes et d'un dogme et d'un système de loi et d'un système politique. L'histoire de l'Islam, c'est le développement de ces trois systèmes dans ce qu'on appelle l'orthodoxie.

Depuis le règne du troisième successeur du Prophète, la question politique, celle de l'imamat, ne cessa de préoccuper les musulmans. Elle fut résolue par la chute des Omayades, dans ce sens que l'imâm devait être élu par la communauté musulmane, dont le choix se limiterait à la tribu de Qoraïche. Cette résolution détacha du tronc commun les deux branches des légitimistes (*chîa*) et des républicains (*khâridjîa*).

Le développement du système de loi comme celui du dogme commence déjà sous les Omayades. Les Médinois, dont la tentative de regagner de l'influence sur la direction des affaires avait abouti à une défaite complète, se plongèrent avec ardeur dans l'étude de la tradition. De la bouche des anciens compagnons, ils recueillirent pieusement les décisions du Prophète et de ses premiers successeurs. L'œuvre des Médinois était juridique non moins qu'historique. Leur idéal était le régime passé des premiers khalifes, la théocratie d'Abou Bekr et d'Omar; ils ne concevaient le salut qu'en déviant aussi peu que possible de leur manière d'agir dans toutes les circonstances de la vie rentes formes d'animaux, tantôt pour les punir, tantôt pour les dérober à leurs persécuteurs, les font agir et lutter et conduisent l'action avec une animation qui ne se ralentit jamais.

Il y a aussi les *turkulu machals*, c'est-à-dire des contes coupés par des chansons, des récits agrémentés de jolies mélodies recueillies dans les biographies fort répandues d'Achi, Eumene, Keven, Garib et Kieuroglu, ces fameux trouvères de l'Asie Mineure, qui furent en même temps des héros et qui subirent mille vicissitudes avant d'obtenir la main de leur sultane.

Pour ce qui concerne le drame, on connaît assez le *Karagueuz*, ce divertissement de la fête de Ramazân; l'*Orta-oyounou*, le cirque du peuple turc, est aujourd'hui une rareté.

Quoi qu'on puisse penser de l'origine de ces divertissements, il est certain que leur forme actuelle est le produit de la vie turque, et que la bonne humeur qui y déborde sort de l'âme populaire. C'est vrai surtout de l'*Orta-oyounou*, qui est exempt des grossièretés du Karagueuz, et dont l'action coordonnée aurait pu servir de point de départ à des œuvres dramatiques vraiment originales. Les circonstances n'ont pas favorisé ce développement qui eût été naturel, et malheureusement l'art dramatique turc contemporain s'est inspiré de la comédie française, qu'il a simplement traduite ou imitée.

Telle est l'esquisse très sommaire des différentes formes du *folklore* turc, qui ne saurait manquer d'intéresser les ethnographes orientalistes aussi bien que la philologie comparée. Le travail de plusieurs années que j'ai consacré à recueillir ces trésors serait amplement récompensé, si le monde savant voulait bien prendre acte de l'existence de ce *folklore* dont les trésors ont été publiés récemment par l'Académie hongroise des sciences.

LES
HACHWIA ET NABITA,

PAR

G. VAN VLOTEN.

I

L'Islam, après le triomphe du Prophète, était une théocratie dont le code, le Qorān, contenait les germes et d'un dogme et d'un système de loi et d'un système politique. L'histoire de l'Islam, c'est le développement de ces trois systèmes dans ce qu'on appelle l'orthodoxie.

Depuis le règne du troisième successeur du Prophète, la question politique, celle de l'imamat, ne cessa de préoccuper les musulmans. Elle fut résolue par la chute des Omayades, dans ce sens que l'imâm devait être élu par la communauté musulmane, dont le choix se limiterait à la tribu de Qoraïche. Cette résolution détacha du tronc commun les deux branches des légitimistes (*chîa*) et des républicains (*khâridjta*).

Le développement du système de loi comme celui du dogme commence déjà sous les Omayades. Les Médinois, dont la tentative de regagner de l'influence sur la direction des affaires avait abouti à une défaite complète, se plongèrent avec ardeur dans l'étude de la tradition. De la bouche des anciens compagnons, ils recueillirent pieusement les décisions du Prophète et de ses premiers successeurs. L'œuvre des Médinois était juridique non moins qu'historique. Leur idéal était le régime passé des premiers khalifes, la théocratie d'Abou Bekr et d'Omar; ils ne concevaient le salut qu'en déviant aussi peu que possible de leur manière d'agir dans toutes les circonstances de la vie privée et publique. C'est là ce qu'ils appelèrent la *Sonna*, la tradition (*mos, usus*) prophétique. Or pour connaître la *Sonna*, l'étude du *Hadith*, l'ensemble des traditions (*relata*) reçues de la bouche du Prophète était indispensable. Dans la suite, nous nommerons *traditionnistes* tous ceux qui, sans que leur demeure soit limitée à Médine, partageaient le travail et la manière de penser des Médinois. Ce nom est sanctionné d'ailleurs par les auteurs arabes qui les nomment *ashâb* (*ahl*) *al-hadith* [1]. Le khalifat des Abbasides après celui des Omayades avait été comme une victoire posthume du parti médinois. Il signifia le retour à la théocratie ou, comme on disait alors, le rétablissement de la *Sonna* de la tradition prophétique.

Mais le khalifat abbaside signifia en même temps le triomphe des races assujetties qui, converties à l'Islam, avaient, sous les Omayades, tâché en vain d'être reconnues les égales de la race arabe dominante. La nivellation des races étant désormais un fait accompli et la langue arabe étant devenue la langue dominante d'une grande partie du monde antique, il naquit avec un mouvement commercial et littéraire toujours croissant cet esprit cosmopolitique qui, en contraste avec le conservatisme des Médinois, prédisposait à la spéculation indépendante, à la pensée libre et individuelle.

Il semble que l'étude du droit même s'en ressentit jusqu'à un certain degré, puisque, à côté de l'école de droit traditionnelle de Médine, nous voyons dans l'Irâq se développer l'école dite *spéculative* d'Abou Hanifa, laquelle, selon l'expression de M. Goldziher, ne s'appuie pas seulement sur l'autorité de la tradition orale ou écrite (*Qorân* et *Hadith*), mais aussi sur les

---

[1] Sur les *ashâb al-hadith*, cf. Chahrastani, *Kit. al-milal wan-nihal*, p. 160; *Fihrist*, p. 225 et suiv.; Ibn Qotaïba, *Maârif*, p. 251 et suiv.; et les auteurs cités par Goldziher, *Zahiriten*, p. 3. Sur la définition de *sonna* et de *hadith*, cf. le même, *Muhammed. Studien*, p. 11 et suiv.

déductions que tire de ces deux sources incontestables l'opinion personnelle soit du juge, soit du jurisconsulte. M. Goldziher, dans son ouvrage sur les Zâhiria, nous a peint la lutte des *ultra's* du traditionnisme contre l'admission du *ray* (la spéculation) et du *qiâs* (la déduction) dans l'étude du droit. Nous voyons cette lutte se terminer par une espèce de compromis, qui, à côté des systèmes plus ou moins médiateurs de Châféi et de Malik, admit dans l'orthodoxie les systèmes opposés d'Abou Hanifa et d'Ibn Hanbal. On expliqua cette diversité par la parole du Prophète : *ikhtilâfo ommati rahmah* « la diversité de mon peuple est une grâce ».

II

Le développement du dogme est non moins compliqué que celui du système de droit orthodoxe Mais si, ici, prévalut une tendance à la diversité, là c'est plutôt la tendance à l'unité (selon l'expression du Prophète : *lâ jadjtamio ommati alâ dhalâlah* « mon peuple ne s'unira pas dans une erreur ») qui prédomine.

La question du libre arbitre s'était présentée déjà sous les Omayades. La fin de cette dynastie vit naître aussi la question du rapport entre la foi et les œuvres. Puis survint l'évolution scientifique, sous le khalifat des Abbasides, qui modifia de fond en comble les vues de l'époque. Des idées qui jusqu'alors avaient été conçues dans des cercles épars étaient traitées systématiquement dans les écoles des *motakallim*. Il ne s'agit plus de quelques idées, mais il s'agit de systèmes. De l'étude de la philosophie grecque et de la logique d'Aristote d'un côté, de l'autre des disputes entre les musulmans et les adhérents des autres religions, naquit le *kalâm*. Le *kalâm* était dans la théologie ce que, dans l'étude du droit, était le *ray*, c'est-à-dire une tendance à se confier à la spéculation individuelle non moins qu'à la révélation et à la tradition du Prophète. En admettant que la

divinité n'avait pas le pouvoir d'effectuer ce qui était en opposition avec la raison, les *motakallim's* se posaient en juges au-
dessus de la révélation, et l'on trouve au *kalām* un côté natura-
liste aussi bien qu'un côté spiritualiste et religieux. Ceux qui, sans
quitter le terrain de l'Islam, ont tâché de mettre en harmonie
l'idée d'un Dieu personnel et celle d'un système raisonnable de
l'Univers, étaient les *motazilites*. Malgré la diversité et le cachet
personnel des systèmes des Motazilites, tous s'unissent à la conception d'un Dieu unique, sans attributs éternels, et dont le
caractère est la justice plutôt que l'omnipotence. Ce système
inclut le libre arbitre de l'homme et il exclut l'éternité de la
parole de Dieu, c'est-à-dire du Qorān. Les Motazilites se sont
nommés de préférence *ahl al-adl wat-taūhīd*, c'est-à-dire les partisans de la justice et de l'unité de Dieu. Sous le khalifat de
Mamoun et de ses successeurs, les Motazilites, protégés par la
cour et favorisés par les grands qui partageaient leur opinion,
ne se sont pas doutés de représenter la *Sonna*, la tradition prophétique, et la *Djamāa*, la communauté musulmane. Or ceci
était une erreur, quoiqu'une erreur pardonnable.

Au point de vue de la majorité, les Motazilites ne représentaient pas la communauté musulmane. Ils étaient une sorte
d'aristocratie intellectuelle qui avait un grand mépris pour les
opinions de la foule et dont la manière de penser et de raisonner,
la méthode déductive, était en opposition vive avec celle des
partisans de la tradition, qui n'avaient pas pris part aux études
philosophiques.

Les Motazilites appréciaient sans doute l'œuvre des traditionnistes, ils étudiaient la tradition et ils contribuaient pour
leur part à la livrer à la postérité. Mais ils étaient enclins à
l'utiliser plutôt qu'à la considérer comme une autorité infail-
lible et ils ne ménagèrent pas à son égard une juste critique.
Les traditionnistes, de leur côté, ne partageaient pas les spé-

culations des *motakallim* dont le côté faible, c'est-à-dire la sub-
jectivité, ne leur échappa point. Ils étaient choqués aussi par la
légèreté avec laquelle aucuns des adeptes du motazilitisme se
soustrayaient aux commandements et aux pratiques de la religion. Sans tenir compte des nuances, on peut dire en résumant
que le monde musulman du temps des premiers khalifes abbasides était divisé en deux camps : d'un côté, les traditionnistes
et le peuple; de l'autre, la cour et une aristocratie intellectuelle qui étaient les Motazilites.

La lutte commença lorsque le motazilitisme se posa comme
orthodoxie. On sait que le dogme de la création du Qorān fut
déclaré dogme d'État et qu'on fit passer un examen rigoureux
à plusieurs des traditionnistes. Ces examens, dont quelques-uns
nous ont été conservés, sont d'un grand intérêt historique. Si on
prouvait aux partisans de la tradition, par la raison pure, que le
Qorān ne pouvait être éternel, ils ne répondaient que par ces
mots : « Le Qorān est la parole d'Allah! » Ou bien ils coupaient
la discussion par la phrase : « Je ne suis pas *motakallim* ». D'autres
professaient un anthropomorphisme grossier. Prenant à la lettre
le Qorān et la tradition, ils se représentaient Allah avec des
mains, des pieds, etc.; ils croyaient qu'au jour de la résurrection
Allah tournerait le cœur des hommes *entre deux doigts* et qu'il se
montrerait sous une forme visible à ses serviteurs[1].

III

Avant de continuer l'exposition de la lutte des deux partis,
traditionnistes et motazilites, je dois faire la remarque que les

[1] Tab. III, 1121, 1347, Djahiz, *Cod. Mus. Brit.*, Or. 3138, fol. 125 v°. La
dissertation de M. Patton (*Ahmed ibn Hanbal and the mihna*, Leyde, 1897) et les
articles de M. Schreiner (*Beitr. z. Gesch. d. theol. Bewegungen im Islam*, dans
Zeitschr. d. D. M. G., LII, 463 et suiv., 513 et suiv.; LIII, 51 et suiv.) ayant
paru après la rédaction de ce discours, je regrette de n'avoir pu en faire usage
comme il convenait.

auteurs arabes ont plus ou moins favorisé la fiction que le
dogme orthodoxe, loin de s'être développé historiquement, a
existé dès le commencement, et qu'en conséquence les systèmes
qu'il a supplantés (*in casu* celui des Motazilites) étaient des
innovations et des hérésies. Les auteurs européens, dont je ne
citerai que MM. Dozy et Houtsma, ont très bien reconnu que
c'est, au contraire, aux Motazilites qu'appartient la priorité et
que le dogme traditionnel est, pour ainsi dire, le contre-coup
de la doctrine des Motazilites. Mais on s'étonne en voyant ces
mêmes auteurs adopter la fiction des Arabes et confondre traditionnisme et orthodoxie. Par cette confusion, ils n'ont pu faire
ressortir le fait que les idées de ceux qui s'opposaient aux Motazilites étaient, au point de vue de l'orthodoxie, au moins aussi
schismatiques que celles des Motazilites, et que la dogmatique
d'Al-Achari n'a pas été l'adaptation du dogme orthodoxe à la
méthode des *motakallim* [1], mais, comme nous allons le prouver,
la fusion de deux systèmes opposés, d'un système motazilite
et d'un système anti-motazilite.

Commençons par nommer une secte qui semble avoir joué
un rôle remarquable dans la lutte des deux partis : ce sont les
hachwía, hachawía ou *ahl al-hachw* [2]. Ce nom est donné par
Moqaddasi comme épithète des traditionnistes représentés dans
son temps par les sectateurs de Ibn Hanbal [3]. Chez Ibn Haukal,
les Malékites au Maroc sont appelés *hachwía sonnia*. Les habitants de Perse, selon le même auteur, sont pour la plupart
hachwía; mais, dans le droit, ils sont traditionnistes. Beaucoup
d'habitants d'Adherbaïdjân suivaient le *mazhab* de la tradition

---

[1] Houtsma, dans Chantepie de la Saussaye, *Lehrbuch der Religionsgeschichte,*
2ª éd. p. 373. Spitta, *Zur Geschichte Abul-Hasan al-Ascharis*, p. 50 et suiv.

[2] V. de Goeje, *in Gloss.*, *Geogr.* et Dozy, *Suppl.* in v° Houtsma, *De strijd over
het dogma*, p. 126.

[3] *Bibl. Geogr.*, III, p. 38.

et la doctrine du *hachw*. Les habitants de Kachân aussi sont partisans du *hachw*[1]. Chez Masoudi, les *hachwía* et *ahl–al–hadíth* (traditionnistes) sont nommés en opposition avec les Motazila dans le passage suivant : « Djafar ibn Mobachir était un des docteurs motazilites ; son père Hasan ibn al-Mobachir, au contraire, était traditionniste et un des chefs des *hachwía*[2]. » Enfin on lit dans le commentaire de Sobki sur les Oçoul de Ibn Hâdjib[3] : « Les *hachwía* sont un parti qui s'est égaré du droit chemin ; ils expliquent les vers du Qorān selon leur sens textuel en déclarant que c'est là la vraie signification. »

Il est clair que dans tous ces passages le nom *hachwía* dénote des traditionnistes. Citons encore Chahrastani, qui dit : « Bon nombre d'*ultra*-chiites et bon nombre de *hachwía*, partisans de la tradition, ont professé l'anthropomorphisme[4]. » Cet auteur nous apprend aussi que Al-Achari s'opposa à un grand nombre de *hachwía* qui admettaient l'éternité des paroles et des lettres mêmes du Qorān, en distinguant entre la parole divine qui est éternelle et les paroles de la révélation qui sont créées. Chahrastani nomme ensuite trois de leurs docteurs qui professaient un anthropomorphisme extravagant en s'appuyant sur les traditions. C'étaient Kahmas, Ahmed al-Hodjaimi et Modhar[5]. Ces passages ont mené M. Houtsma à dériver le mot *hachwía* de *hachw* infin. de *hachâ* « farcir », de sorte que *hachw* serait le contraire du *ta'tíl* = κένωσις, la privation des attributs divins qu'on reprochait aux Motazilites. Sans nier la possibilité de cette interprétation, j'avoue que j'aime mieux dériver le mot *hachwía* de *hachw* dans le sens de « bas peuple », *vulgus* « vul-

[1] *Bibl. Geogr.*, II, p. 65, 207, 250, 259.

[2] *Prairies d'or*, II, p. 124.

[3] *Dictionary of technical·terms*, et Chafadji, *in v°* حَشْوِيَّة.

[4] *Al-milal wannihal*, p. 76.

[5] *Ibid.*, p. 68.

gaire ». Les Motazila auraient donné le nom *hachwîa* ou *vulga-ristes* aux traditionnistes qui sympathisaient avec le peuple et en partageaient les conceptions anthropomorphiques[1]. Quoi qu'il en soit, il est évident que, avant la propagation du système de Al-Achari[2], les vues des *hachwîa* étaient répandues sur une bonne partie du territoire musulman.

Je dois citer maintenant un autre passage de Chahrastani dans lequel il est question des *hachwîa*, quoique leur nom ne s'y trouve point. Il dit : « Après que les Motazilites et les *motakallim* avaient publié leurs systèmes, beaucoup de nos devanciers (*salaf*) avançaient dans l'interprétation verbale et tombaient dans l'anthropomorphisme. Ceux qui ne voulaient ni de l'inter-prétation allégorique (des Motazilites), ni de l'interprétation verbale (des *hachwîa*) étaient : Malik ibn Anas, Ahmed ibn Han-bal, Sofyān at-Thaüri, Daûd Ispahani et les leurs, jusqu'au temps de Abdallah ibn Saîd al-Kollābi, Abul Abbâs al Qalânisi et al-Harith al-Mohâsibi, qui tous étaient parmi nos devanciers (*salaf*) qui se sont occupés de la science du *kalām*. »

On voit le souci qu'a Chahrastani de prouver que de tout temps il y a eu des partisans de la tradition qui, sans donner dans l'anthropomorphisme, se sont opposés au spiritualisme des Mo-tazilites. J'ai déjà dit mon opinion sur cette manière de voir. Les traditionnistes cités, excepté les trois derniers, dont nous parle-rons tout à l'heure, ne se sont pas occupés de la dogmatique[3].

---

[1] Cf. Ibn Qotaïba, *Mokhtalif al-hadîth* (cod. Leid.), p. 97. ردّ لبومم بالحشيّك والنـابعة والجمبرةۇ ورڡا قالوا الجبرئه وسموم الغثاء والغثر. et les passages de Djahiz cités ci-après, p. [13] 111.

[2] *Al milal-wan-nihal*, p. 65, cf. *ibid.*, p. 9 et suiv.

[3] Il est vrai qu'à Ahmed ibn Hanbal on attribue un ouvrage contre les Djahmia (qui niaient les attributs divins), mais sa lettre au khalife Motawakkil a pour but de faire défendre les discussions au sujet du Qorān. Voir Patton, *Ahmed ibn Hanbal and the Mihna*, p. 155 et suiv. Sur l'opposition des traditionnistes contre le *Kalām*, voir aussi Spitta, *op. cit.*, p. 53 et suiv.

De l'imam Malik la décision assez négative est devenue célèbre :
« Le fait qu'Allah est assis sur le trône est connu, l'explication n'en
est pas connue, le croire est un devoir, l'explorer hérésie. » Quant
à l'imam Ibn Hanbal, on sait qu'il était anthropomorphiste [1].

Mais le fait qui nous intéresse le plus n'est pas l'opinion des
imams, c'est que dans le passage que je viens de citer Chahrastani nomme trois traditionnistes qui s'étaient occupés aussi
du *kalām*, c'est-à-dire Aboul Abbas al-Qalânisi, Harith al-Mohâsibi
et Abdallah ibn-Saïd al-Kollābi. En effet, si nous pouvions con-
firmer ce fait, nous aurions prouvé que le traditionnisme s'était
occupé du *kalām* avant Al-Achari. Je n'ai rien trouvé sur Aboul
Abbas al-Qalânisi. Sur al-Mohâsibi on peut consulter Ibn Khal-
likân, n° 151 [2]. C'était un antagoniste des Motazilites. Il s'at-
tira la haine d'Ibn Hanbal parce qu'il s'occupait de *kalām;* il
mourut dans l'année 243 H. Quant à Abdallah ibn Saïd al-
Kollābi, c'est le même personnage qui ailleurs est nommé soit
Ibn Kollāb, soit Abdallah ibn Saïd (ou Mohammed) ibn Kollāb
al-Basri, le chef des Kollābia [3]. Chahrastani le compte parmi
les partisans des attributs (صفتيّة) et parmi ceux de la prédestination (جبريّة). Le fait est qu'il a écrit deux livres sur lesdites
questions et un troisième contre les Motazilites. Quant à l'éternité du Qorān, il aurait prétendu que la parole de Dieu c'est
Dieu lui-même (*Fihrist*). Dans le Tâdj on lit : « Abdallah ibn Saïd
ibn Kollāb tamimite de Basra était *motakallim*, chef de la secte
orthodoxe des Kollābia, dans le temps de Mamoun; il se dispu-
tait souvent avec les Motazilites; il mourut après l'année 240

---

[1] Sur l'anthropomorphisme d'Ibn Hanbal et de ses sectateurs, voir Patton,
p. 187 et suiv.; Goldziher, *Zahiriten*, p. 133: Schreiner, *Z. D. M. G.*, LII. p. 535
et suiv.

[2] Voir aussi Schreiner, *l. c.*, p. 514.

[3] Moschtabih, in v° كلّب; cf. *Tâdj.* in v° كلّب; Chahrastani, p. 20, 60, 65: *Maqrizi khitât*, II, 358-359; *Mafatih al olûm*, p. 27; *Moqaddasi*, p. 37: *Fihrist*,
p. 180; *Lob al-lobāb*, in v° كلّابى.

de l'hégire. Il devait le sobriquet Ibn Kollāb (fils du harpon) à sa ténacité dans la dispute. » L'information la plus intéressante qui s'attache à Ibn Kollāb, c'est que, selon le *Fihrist*, lui et son parti étaient nommés *nābita al-hachwīa*, ce qui veut dire « les jeunes des *hachwīa* » ou, si l'on veut, les *néo-hachwīa*. Ce nom semble expliquer la position de Ibn Kollāb dans la lutte du dogme. Les *hachwīa* se sont opposés au parti dominant dans la question des attributs, mais leur opposition était plutôt passive; ils ne quittaient pas le terrain de la tradition, ils exagéraient seulement l'interprétation verbale des textes. Les *nābita* ou *néo-hachwīa* se sont occupés aussi du *kalām*, ils ont lu les livres des Motazilites, et ils s'opposent à ceux-ci sur toute la ligne de leur système.

IV

Pour mieux connaître les vues des Nābita, nous ferons usage de l'écrit d'un auteur contemporain et même compatriote de Ibn Kollāb, du célèbre docteur motazilite de Basra, Amr ibn Bahr al-Djahiz. Parmi une collection de traités de Djahiz conservée à la bibliothèque de Damâd-Ibrahim, à Constantinople, il s'en trouve un intitulé *Risāla li-abi-l-Walīd Mohammed ibn Ahmed ibn abi-Dodd fin-nābita*[1]. Ce traité, dont nous donnons le texte

[1] Ce traité, un des plus beaux spécimens de l'éloquence arabe, est mentionné dans le Tâdj, *in* v° نبت où on lit: «Les *nawābit* sont une partie des *hachwīa*, ils sont nommés ainsi parce qu'ils ont introduit dans l'Islam des innovations étranges. Notre chaïkh dit : Djahiz a écrit sur eux un traité dans lequel il les combine avec les Râfidhites.» Dans le *Tanbīh* de Masoudi (cf. *Gloss.*) les *nābita* sont toujours combinés avec les *hachwīa*. Il semble que plus tard ces deux noms dénotent le même parti. Il n'est question dans le *Tanbīh* que des vues politiques des *nābita* qui s'étaient déclarés contre le droit divin (نص) et en faveur de l'imamat par élection (اختيار) des khalifes (*Bibliot. Geogr.*, VII, 232, 273, 337). Il résulte d'un passage du *Tanbīh* (*ibid.*, 337) que sur la question de l'imamat les ultra's du traditionnisme étaient en désaccord avec les *nābita*. Sur le caractère démocratique de ce parti, voir plus bas, p. [13] 111. Djahiz ne dit jamais نابتة الصفرية; pour le singulier il emploie نابتى; pour le pluriel نوابت ou نابتة.

à la fin de ce discours, commence par un aperçu de l'histoire
du khalifat jusqu'à l'avènement des Omayades. Le règne de
Moawia marque la fin de l'ère prophétique inaugurée par Abou
Bekr. Le khalifat devint un empire séculier. Le premier acte
d'apostasie fut l'adoption de Ziyâd par Moawia; quant à l'exécution de Hodjr ibn Adi, la cession à Amr de l'impôt de l'Égypte,
la nomination de mauvais gouverneurs, etc., c'étaient des actes
blâmables sans doute, mais qui ne rentrent pas dans la catégorie des actes défendus par le texte sacré. Moawia était un
usurpateur, et l'on sait que beaucoup de gens ont été déclarés
incrédules pour l'avoir reconnu comme khalife. « Ces gens, ainsi
continue Djahiz, ces gens sont surpassés par les *nabita* et les in-
novateurs de notre temps qui disent : Ne maudissez pas Moawia,
il a été parmi les *compagnons* (لا صحبة), et le maudire c'est
une innovation (*bid'a*); celui qui le hait agit contre la *sonnah*. »

Mais toutes les hérésies des Omayades sont nulles à côté de
celles des *nābita*, parmi lesquelles il faut compter le *teschbîh*
(l'anthropomorphisme) et le *tedjwîr* (l'attribution à Allah des
mauvaises actions comme des bonnes).

Les opinions sur le *qadar* « prédestination » avaient toujours
varié. Aucuns avaient dit : Tout est prédestiné, sauf les mauvaises actions; mais personne, jusqu'à l'apparition de ces *nābita*,
n'avait osé dire qu'Allah punit les fils parce que leurs pères
l'avaient offensé, et personne n'a osé dire que la foi et l'incrédulité sont innées dans l'homme comme la vue et la cécité.
Quant à l'anthropomorphisme, aucuns avaient déclaré qu'Allah
était invisible; d'autres qui ne voulaient pas du *teschbîh* disaient :
Il est visible sans qu'on puisse dire comment (*bilâ kaif*); jusqu'à
l'apparition de ces *nābita* et *râfidha* qui lui prêtèrent une
forme et un corps et déclarèrent incrédules ceux qui ne voulaient pas définir le *comment*. Ces gens nièrent aussi que le
Qorān fût une chose créée, quoique toujours on avait fait usage

à l'égard du Qorān des termes qui renferment l'idée de faire, comme احدث فصل انزل قدر جعل صنع; ils condamnèrent le mot خلق pour la seule raison qu'ils ne l'avaient pas rencontré auparavant.

Nous n'allons pas épuiser tout le contenu du traité de Djahiz; l'analyse que je viens d'en donner suffira à faire connaître les vues des *nābita*. Or personne ne niera, je crois, le rapport qui existe entre les *nābita* auxquels s'adresse Djahiz, et les *nābita al-hachwía*, sectateurs selon le *Fihrist*, de Ibn Kollāb. Les idées attaquées par Djahiz il n'y a aucun doute que son contemporain et compatriote Ibn Kollāb ne les ait prêchées.

Mais ce fait, si on veut bien l'admettre, n'inclut pas que les Kollābia aient été les seuls *nābita* attaqués par Djahiz. Il paraît que dans les écoles mêmes des *motakallim* des voix se sont élevées contre les théories des Motazilites et que, de l'autre côté, dans le camp des traditionnistes, on s'est appliqué à l'étude du *kalām* et aux livres des Motazilites. C'est là la naissance des sectes intermédiaires comme les Dhirāria du côté des Motazila, les Naddjâria, les Bekria du côté des traditionnistes, des sectes qui, sans partager l'aversion des *ultra's* du traditionnisme pour la spéculation théologique, se sont opposés aux Motazilites. Ces sectes ont, comme les Kollābia, formé un lien entre le traditionnisme et le *kalām*, et, ce qui est plus, ils ont rétabli en même temps le lien entre le peuple et la théologie, lien qui avait été rompu par le motazilitisme.

Dans maints passages des livres de Djahiz qui sont à ma disposition, il est fait allusion à ce changement dans les vues de l'époque : «Que de gens y a-t-il (ainsi s'adresse-t-il au grand-*qadhi* ibn Abi Doād) qui débattent les questions [de théologie]! Ne voit-on pas les Bekria, les *Djabaria*, les Fadhlia et les Chamiria, enfin tout ce qu'il y a de plus méprisable aux yeux des Motazilites, exploiter leurs savants et leurs grands docteurs,

étudier leurs livres et se servir dans tout de leurs expressions?
De sorte que leurs jeunes croient maintenant les égaler. Les
nâbita aujourd'hui prêchent l'anthropomorphisme à la manière
des Rafida, et ils se font petits (?) pour apprendre des Motazilites.
Leur nombre se multiplie, leur opposition est véhémente, la
foule leur obéit et le vulgaire (*hachw*) leur voue ses sympathies.
Mais vous les dominez par deux choses : l'attraction qu'a pour
eux le pouvoir du khalife et la peur qu'ils en ont. Or la victoire
finale est à ceux qui craignent Dieu[1]. »

Rien n'exaspère Djahiz comme ce rapprochement de la foule
et des idées de ses antagonistes. Et s'il nie la compétence du
peuple dans les hautes questions de théologie, c'est pour lui
refuser ensuite de s'en remettre par ce qu'on appelle le *taqlid*
« investiture » aux vues des ennemis du motazilitisme[2].

---

[1] *Cod. Mus. Britt. Or. 3138*, fol. 128 v°, 129 r°. وقد المسائل ڤ حبب من أكثر وما
زالوا يقتبسون (ها) لما المعتزلة عند لحقر وانهم والشيرية واللفطلية وطهبرية البكرية رايت
تلامذتهم ويأخذون كتبهم ويدرسون كبرائهم من ويستحتون علمائهم من (cod. يسبقون)
أكفاء انهم يحسبون (cod. ونابتيهم) ونابعتهم (cod. شيعتهم) نشئتهم رايت حتى امورم جميع
التعلم ڤ دائنون وهم الرافضة مع به التشبيه اليوم والنابعة البلاد ڤ بينهم تجمع
وللحشو معهم والعوام شديد ونصبهم كثير (cod. عدرم) عددم المعتزلة من (cod. التعلم)
Ibid., السلطان امران (sic) معك ان الا يطيعهم — للمتقين والعاقبة منه وخوفهم اليه وميلهم
fol. 122 v° كتبنا قراءة و اصحابنا مناظرة قد صار لهم والنابعة للحشية متكلمى ان
اعمارهم من بالحكمة وطنا الأقدارم عن بك رغبة لك كتبت اللطنلكا — *Ibid.*, 127 r° وخطا
وكفر مصرح تشبيه الرافضة وقول النابعة — *Ibid.* 155 r° بعض قول وهو نصا بالتشبيه وكفى
مفترق بعد وهو والنابعة والحشية المشبهة من وشياطينهم الرافضة من واخوانهم اليهود مع
الناس. ڤ

---

[2] *Cod. Mus. Britt. Or. 3138*, 179 v° ولا للحشو فيه وتخبط العوام جهمله آخر باب
حومعة وركبت اعلاه تسلت منه شيء ظهر او جرى سببه ومتى دابها موضع ولا بسرها تشعر
فيها تهافت ولا الفتيا دعوى من عجزت قد لانها والوعيد والوعد والتشبيه ولا الله ڤ فالكلام
(cod. التعديد) التعديل ڤ الكلام من تستوحش ولا منها يعرف لا فيما (sic) تتسع ولا
وكما القار حسن (sic) والطباع الاختيار ڤ الكلام من (sic) يفزغ ولا (cod. والتحرير) والتصوير

Ce qui semble caractériser l'époque de Djahiz, c'est que l'opposition entre *kalām* et traditionnisme perd de son intensité et qu'à sa place on trouve l'opposition entre les Motazilites d'un côté, les *motakallim* anti-motazilites de l'autre. Dès lors, le motazilitisme devait perdre sa position prépondérante dans les hauts cercles du khalifat. Les khalifes abbasides, qui jusqu'alors avaient protégé le motazilitisme, cédaient au mouvement populaire. Le coup d'État tenté contre le khalife abbaside Wathiq par le petit-fils d'un des anciens *naqîbs* [1] montra que la dynastie était en danger. Les sympathies du peuple pour Moawia, le fondateur de la dynastie maudite [2], est une autre preuve du danger que courut la dynastie abbaside. Motadhid, qui avait voulu renouveler l'édit de Mamoun défendant de louer Moawia en public et de lui donner la préférence sur aucun des compagnons du Prophète, dut abandonner son projet de peur de soulever la population. Tout cela nous explique l'attitude du khalife Motawakkil, qui défendit les discussions publiques sur toute l'étendue du khalifat et montra des dispositions sérieuses pour apaiser la foule [3].

جرى سببه من دقيق الكلام وجليله لله تعالى — *Ibid.*, ١٢٨ r° واما قولهم ان معنا
العامة والعباد والفقهاء واصحاب لحديث وليس معهم الا اصحاب الاهواء ومن يماخذ دينه من
ادل الرجال فاى صاحب هو يبرحك الله ابعد من لجماعة من الرافضة وهم لـ هذا المعنى اعتقادهم
واولهاؤهم لان ما. خالفهم فيه صغير لـ جنب ما وافقهم فيه والـذيـن سموهم اصحاب الاهواء
هم المتكلمون والمصلحون والمستصلحون والمميزون واصحاب لحديث والـعوام هم الذين يـقـلـدون ولا
يحصلون ولا يتخيرون والتقليد مرغوب عنه (عليه .cod) لـ جهة العقل منهى عنه لـ القران قـد
عكسوا الامور كما نرى ونقضوا العادات الخ.

[1] Dozy, *Islamisme*, p. 157. Patton, p. 116.

[2] Sur ce sujet, comparer aussi Moqaddasi p. 126, 364. Goldziher, *Muham. Stud.*, II, 46, 99 (1).

[3] Tab. III. 1412 Yaqoubi II, 592 sur les vues personnelles de Motawakkil, voir Patton, p. 130 et suiv.

V

Nous savons par les notices des géographes que les *hachwía*, les anthropomorphistes partisans de la tradition, qui n'avaient pas voulu transiger avec le *kalām* n'avaient pas encore disparu au xᵉ siècle de notre ère. Comme dans le droit les Zabiria, les *hachwía* se sont maintenus après que la majorité avait déjà fait la paix avec le *kalām* et nous en trouvons des restes au Maroc, en Perse, à Kachān et en Adherbaïdjan. Beaucoup de Hanbalia partageaient les sentiments des *hachwía*[1].

Le nom *nābita* ne se rencontre plus chez les géographes du xᵉ siècle. Ce nom général a fait place à celui de plusieurs sectes nées de l'opposition des *nābita* contre les Motazilites. Hormis les Naddjāria et les Kollābia nommés parmi les Motazila par Moqaddasi, cet auteur fait encore mention des Acharia, des Sālimia et des Karrāmia[2].

Quant aux Acharia, on trouve dans le *khitat* de Maqrizi la notice intéressante que Al-Achari, après avoir abandonné la doctrine des Motazilites, a suivi le chemin de Abou Mohammed Abdallah ibn Mohammed ibn Saïd ibn Kollāb[3] et, selon Moqaddasi, les Kollābia auraient été supplantés par les Acharia[4]. «La vérité dans ce qui regarde le système de Al-Achari, dit Maqrizi, c'est qu'il a suivi une voie intermédiaire entre la négation (excessive) qui était le *mazhab* des Motazilites et l'affirmation excessive qui caractérisait les anthropomorphistes (*modjassima*).» Il est évident que Al-Achari n'a pas établi la paix

---

[1] Chez Moqaddasi, les *ashāb al-hadith* sont les Hanbalia. Or, selon le même auteur, on nomme Hachwia les *ashāb al-hadith*. *Bibl. Géogr.*, III, p. 37, 38.

[2] *Ibid.*

[3] *Khitat*, II, p. 358 et suiv.

[4] *Bibl. Géogr.*, III, p. 39.

entre *kalām* et traditionnisme (orthodoxie) comme on a dit généralement, puisque déjà du temps de Djahiz les adversaires des Motazila ont commencé à s'occuper du *kalām* [1], mais il a tâché de trouver le terme moyen des deux systèmes dogmatiques opposés des *motakallim* motazilites et antimotazilites [2].

Il me reste à dire quelques mots sur les deux autres sectes mentionnées par Moqaddasi : les Sālimia et les Karrāmia. Les Sālimia ont prêché l'anthropomorphisme à la manière des *hachwia*, mais — et voilà un élément nouveau — ils inclinaient aussi vers le mysticisme et ils reconnaissaient comme prophète l'ecstatique Hallådj [3]. Les Karrāmia dérivent directement des *nābita* attaqués par Djahiz. En effet, on trouve chez eux l'anthropomorphisme exagéré, l'éternité du Qorān, la prédestination presque illimitée et une grande bienveillance à l'égard de Moawia et des Omayades [4]. A ces éléments que nous connaissons s'en joignent deux autres : le *fiqh* et la mystique. Les Karrāmia étaient, comme dit Moqaddasi (*l. l.*), un *mazhab fiqhi* autant que *kalāmi;* leur fondateur Mohammed ibn Karrām ibn Iråq ibn Hizāba Abou Abdallah as-Sidjistāni [5] était *imām* des deux écoles de droit de Chafei et d'Abou Hanifa [6]. Au xe siècle de notre ère, les Karrāmia sont parmi les sectes les plus répandues de l'Orient. Au Sidjistān, en Syrie, au Khorassan, à Bagdād, partout on trouvait leurs *khāneqah's* ou couvents [7]. Ce cénobitisme des

[1] Aux personnages nommés par Chahrastani (v. ci-dessus p. [9] 107) il faut ajouter Abou Ali al-Karâbisi. Patton, p. 32; Schreiner, p. 535.

[2] Sur ce sujet, cf. aussi la lettre d'Aboul-Qasim Nasr ibn Nasr chez Spitta, *op. cit.*, p. 105 et suiv.

[3] Chahrastani (*Haarbrücker*), II, p. 417; Moqaddasi, *l. l.*, p. 126. Le ms. de Leyde 335, f. 102 r° et suiv., donne des notices très intéressantes sur les Sālimia.

[4] Chahras. *Al-milal wan-nihal*, p. 85.

[5] Ibn Karrâm mourut selon Maqrisi, *l. l.*, II, 357, en 256 H., selon Dhahabi *mizân* en 255 H. et selon le Mochtabih en 357 (l. 257?).

[6] Maqrizi, *l. l.*

[7] Voir les passages cités. *Gloss. Geogr.*, in v° كرم.

Karrāmia nous fait supposer que, comme celle des Sālimia, leur doctrine ait contenu des éléments mystiques; l'exposition de la doctrine et de l'histoire de cette secte serait d'ailleurs digne de l'attention de quelque savant orientaliste. Les auteurs musulmans, comme Chahrastani, accusent de vulgarité et de grossièreté la doctrine des Karrāmia [1] et l'Islam orthodoxe a opté pour le dogme de Al-Achari, dont l'union au système de droit et à la mystique appartient à une autre période. Mais la popularité des Karrāmia, qui dans un seul système ont embrassé le dogme, le *fiqh* et peut-être aussi la mystique, fait déjà entrevoir la nécessité de la même unité établie par Ghazzali dans le système musulman orthodoxe.

APPENDICE.

—

TRAITÉ DE DJAHIZ SUR LES NĀBITA.

(EXTRAIT DU MANUSCRIT DAMÂD-IBRAHIM 949 DE CONSTANTINOPLE.)

—

رسالة لابى عثن عمرو بن بحر لجاحظ الى ابى الوليد محمد بن احمد

ابن ابى دواد فى النابتة

بسم الله الرحمن الرحيم

اطال الله بقاءك واتمّ نعته عليك وكرامته لك اعلم ارشد الله امرك ان هـذه الامّة قد صارت بعد اسلامها ولخروج من جاهليّتنها الى طبقات متفاوتة ومنازل مختلفة فالطبقة الاولى عصر النبى صلّعم وابى بكر وعر رضّهما وست سنيـن مـن خلافة عثن رضّه كانوا على التوحيد الصحيح والاخلاص الخلص مع الالفـة

---

[1] *Al-milal wannihal*, p. 79.

واجتماع الكلمة على الكتاب والسنّة وليس هناك محل قبح ولا بدعة فاحشة ولا

نزع يد من طاعة ولا حسد ولا غلّ ولا تأوّل حتى كان الذى كان من قتل عثمن

رضّه وما انتهك منه ومن خبطهم اتّاه بالسلاح وبجح بطنه بالحراب وفرى

اوداجه بالمشاقص وشدخ هامته بالعمد مع كفّه عن البسط ونهيه عن الامتناع

مع تعريفه لهم قبل ذلك من كم وجه يجوز قتل من شهد الشهادة وصلّى

القبلة واكل الذبيحة ومع ضرب نسائه بحضرته واقحام الرجال على حرمته مع

اتقاء نائلة بنت الفرافصة عنه بيدها حتى اطنّوا اصبعين من اصابعها وقد

كشفت عن قناعها ورفعت عن ذيلها ليكون ذلك ردعا لهم وكاسرا من غربهم

مع وطنّهم فى اضلاعه بعد موته والقائهم على المزبلة جسده مجرّدا بعد

كحب وفى للجزرة التى جعلها رسول الله صلّعم كفوًا لبناته وايامه وعقائله بعد

السبّ والتعطيش وللحصر الشديد والمنع من القوت مع احتجاجه عليهم

واقحامه لهم ومع اجتماعهم على ان دم الفاسق حرام كدم المؤمن الا من ارتدّ

بعد اسلام او زنا بعد احصان او قتل مؤمنا على عمد او رجل عدا على الناس

بسيفه فكان فى امتناعهم منه عطبة ومع اجتماعهم على ان لا يقتل من هذه

الامّة مولٍ (مولى .cod) ولا يجهز منها على جرح ثم مع ذلك كلّه دمروا عليه

وعلى ازواجه وحرمه وهو جالس فى محرابه ومصحفه يلوح ف مجرّه لن يرى ان

موحّدا تقدّم على قتل من كان فى مثل صفته وحاله لا جرم لقد احتلبوا به

دما لا تطير رغوته ولا تسكن فورته ولا يموت ثائره ولا يكلّ طالبه وكيف يضيع

الله دم وليّه والمتنقم له وما سمعنا بدم بعد دم يحيى بن زكريّا عمّ غلا غليانه

وقتل سافحه وادرك بطائلته وبلغ كل محبّته كدمه رحمة الله عليه ﵀ ولقد كان

لهم فى اخذه وفى اقامنه للناس والاقتصاص منه وفى بيع ما ظهر من رباعه

وحداثنه وسائر امواله (اقواله .cod) وفى حبسه بما بق عليه وفى طمره حتى لا

بحتن بذكره ما يغنيهم عن قتله ان كان قد ركب كلّما قذفوه به وادّعوه عليه ﵀

وهذا كلّه بحضرة جلّة المهاجرين والسلف المتقدّمين (المقدمين .cod) والانصار

والتابعين ولكن الناس كانوا على طبقات مختلفة ومراتب متباينة من قاتل ومن شادّ على عضده ومن خاذل عن نصرته والعاجز ناصر بارادته ومطيع بحسن نيّته وانما الشكّ منا فيه وفى خاذله ومن اراد عزله والاستبدال به فاما قاتله والمعين على دمه والمريد (.s. p.) لذلك منه فضلّال لا شكّ فيهم ومُرَّاق لا امتراء فى حكمهم على ان (addidi) هذا لم يعدمنهم الجور اما على سوء تاويل واما على تعبّد للشقاء ثم ما زالت الفتن متّصلة وللحروب متوادفة كحرب للجمل وكوقائع صفّين وكيوم النهروان وقبل ذلك يوم الزابوقة وفيه اسر ابن حنيف (ابو حنيفة .cod) وقتل حكم بن جبلة الى ان قتل اشقاها (اشعاها .cod) على بن ابى طالب رضوان الله عليه فاسعده الله بالشهادة واوجب لقاتله النار واللعنة الى ان كان من اعتزال للحسن عمّ للحروب وتخلية الامور عند انتشار اصحابه وما راى من للخلل فى عسكره وما عرف من اختلافهم على ابيه وكثرة تلوّنهم عليه فعندها استوى معوية على الملك واستبدّ على بقيّة الشورى وعلى جماعة المسلمين من الانصار والمهاجرين فى العام الذى سمّوه عام للجماعة وما كان عام جماعة بل كان عام فرقة وقهر وجبريّة وغلبة والعام الذى تحوّلت فيه الامامة ملكا كسرويّا وللخلافة غصبًا (عصنا .cod) قيصريّا ولم يعد ذلك اجمع الضلال والفسق ثم ما زالت معاصيه من جنس ما حكينا وعلى منازل ما رتّبنا حتى ردّ قضيّة رسول الله صلّعم ردًّا مكشوفا وجحد حكمه جحدا ظاهرا فى ولد الفراش وما يجب للعاهر مع اجتماع الامّة ان سُمِيَّة لم تكن لابى سفئين فراشا وانه انما كان بها عاهرا فخرج بذلك من حكم الكُجّار الى حكم الكُفَّار وليس قتل حجر بن عدىّ واطعام عمرو بن العاص خراج مصر وبيعة يزيد للخليع والاستيئنار بالفىء واختيار الولاة على الهوى وتعطيل للحدود بالشفاعة والقرابة من جنس جحد (جحد .cod) الاحكام المنصوصة والشرائع المشهورة والسنن المنصوبة وسواء فى باب ما يستحقّ من الاكفار بجحد الكتاب وردّ السنّة اذ كانت السنّة فى شهرة الكتاب وظهوره الا ان احدها اعظم وعقاب الآخرة عليه اشدّ ه فهذه اوّل كفرة كانت من الامّة ثم لم تكن الا فيمن يدّعى

امامتها وللخلافة عليها على ان كثيرا من اهل ذلك العصر قد كفّروا بترك اكفاره وقد اربت عليهم نابتة عصرنا ومبتدعة دهرنا فقالت لا تسبّوه فان له محبة وسبّ معوية بدعة ومن يبغضه فقد خالف السنّة فزعمت ان من السنّة ترك البراءة ممّن جحد السنّة ثم الذى كان من يزيد من ابنه ومن فعاله واهل نصرته ثم غزو مكّة ورمى الكعبة واستباحة المدينة وقتل للحسين عَمّ فى اكثر اهل بيته (ممنه .cod) مصابيح الظلام واوتاد الاسلام بعد الذى اعطى من نفسه من تفريق اتباعه والرجوع الى دارة وحَرَمه او الذهاب فى الارض حتى لا يحسّ به او المقام حيث امر به فابوا الا قتله والنزول على حكمهم وسوآء قتل نفسه بيده او اسلها الى عدوّة وخيّر فيها من لا يبرد غليله الا بشرب دمه فاحسبوا قتله ليس بكفر واباحة المدينة وهنك للحرمة ليس بحجّة كيف تقول فى رمى الكعبة وهدم البيت للحرام وقبلة المسلمين فان قلتم ليس ذلك ارادوا بل أنّما ارادوا المتحرّز به والمتحصّن بحيطانه الما كان فى حقّ البيت وحريمه ان يحصروه فيه الى ان يعطى بيدة واى شىء بلى من رجل قد اخذت عليه الارض الا موضع قدمه وآحسبه ما رووا عليه من الاشعار التى قولها شرك والتمثيل بها كفر وشيتا مصنوعا كيف تصنع بنقر القضيب بين ثنيتى للحسين عَمّ وحمل بنات رسول الله صلّعم حواسر على الاقتاب العارية والابل الصعاب والكشف عن عورة على بن للحسين عند الشكّ فى بلوغه على انهم فى وجدوة وقد انبت قتلوة وان لم يكن انبت جلوة كما يصنع امير جيش المسلمين بذرارى المشركين وكيف تقول فى قول عبيد الله بن زياد لاخوته وخاصّته دعونى اقتله فانه بقيَّة هذا النسل فاحسم به هذا القرن واميت به هذا الداآء واقطع به هذه المادّة. خبّرونا على ما تدلّ هذه القسوة وهذه الغلظة بعد ان شفوا انفسهم بقتلهم ونالوا ما احبّوا فيهم اتدلّ على نصب وسوم راى وحقد وبغضاء ونفاق وعلى يقين مدخول وايمان ممزوج ام تدلّ على الاخلاص وعلى حبّ النبى صلّعم وللحفظ له وعلى براءة الساحة وصحّة السريرة ٠ فان كان على ما وصفنا لا يعدو الفسق

والضلال وذلك ادنى منازله فالفاسق ملعون ومن نهى عن لعن الملعون فلملعون ٠ وزعمت نابتة عصرنا ومبتدعة دهرنا ان سبّ ولاة السوء فتنة ولعن الجورة بـدعة وان كانوا ياخذون السمّى بالسمّى والولّى بالولّى والقريب بالقريب واخافوا الاولياء وآمنوا الاعداء وحكموا بالشفاعة والهوى واظهار القدرة والتهاون بالامّة والقمع للرعيّة وانهم (sic) فى غير مداراة ولا تقيّة وان عدا ذلك الى الكفر وجاوز الضلال الى الجحد فذاك افضل لمن كفّ عن شتمهم والبراءة منهم على انه ليس من استحقّ اسم الكفر بالقتل كمن استحقّه بردّ السنّة وهدم الكعبة ٠ وليس من استحقّ اسم الكفر بذلك كمن شبّه الله بخلقه وليس من استحقّ الكفر بالتشبيه كمن استحقّه بالتجوير والنابتة فى هذا الوجه اكفر من يزيد وابيه وابن زياد وابيه ولو ثبت ايضا على يزيد انه تمثّل بقول ابن الزبعرىّ

ليت اشياخى ببدر شهدوا   جزع الخزرج من وقع الاسل
لاستطاروا واستهلّوا فرحا   ثم قالوا يا يزيد لا فشل (نسل .scr)
قد قتلنا الغرّ من ساداتهم   وعدلناه ببدر فاعتدل   ..

كان تجوير النابتّى لربّه وتشبيهه بخلقه اعظم من ذلك واقطع على انهم بجمعون على انه ملعون من قتل مؤمنا متعمّدا او متاوّلا فاذا كان القاتل سلطانا جائرًا او اميرًا عاصيا لم يستحلّوا سبّه ولا خلعه ولا نفيه ولا عيبه وان اخان الصلحاء وقتل الفقهاء واجاع الفقير وظلم الضعيف وعطل الحدود والثغور وشرب الخمور واظهر الجور ٠ ثم ما زال الناس يتنسكّعون مرّة ويداهنونهم مرّة ويقاربونهـم مـرّة ويشاركونهم مرّة الا بقيّة ممن عصمه الله تعالى ذكره حتى قام عبد الملك بـن مروان وابنه الوليد وعاملهما الحجّاج بن يوسف ومولاة يزيد بن ابى مسـلـم (مسلمة .cod) فاعادوا على البيت بالهدم وعلى حرم المدينة بالغزو فهدمـوا الكعبة واستباحوا الحرمة وحوّلوا قبلة واسط واخّروا صلاة الجمعة الى مغيربان الشمس فان قال رجل لاحدهم اتّق الله فقد اخّرت الصلاة عن وقتها تتله على هذا القول جهارًا غير ختل وعلانية.غير سر ولا يعلم القتل على ذلك الا اقبح

من انكاره تكيف يُكفَّر العبد بشيء ولا يُكفَّر باعظم منه ٥ وقد كان بعض
الصالحين ربّما وعظ للجبابرة وخوّفه (sic) العواقب واراه ان فى الناس بقية ينهون عن
الفساد فى الارض حتى قام عبد الملك بن مروان والحجّاج بن يوسف فزجروا عن
ذلك وعاقبا عليه وقتلا فيه فصاروا لا يتناهون عن منكر فعلوه فأحسب تحويل
القبلة كان غلطا وهدم البيت كان تاويلا واحسب ما رووا من كل وجه انهم
كانوا يزعمون انَّ خليفة المرء فى اهله ارفع عنده من رسوله اليهم باطلا
ومصنوعا مولّدا وآحسب وسم ايدى المسلمين ونقش ايدى المسلمات وردّهم
بعد الحجرة الى قراهم وقتل الفقهاء وسبّ ائمّة الهدى والنصب لعترة رسول الله
صلّعم لا يكون كفرا كيف تقول فى جمع ثلاث صلوات فيهن للجمعة ولا يصلّون
اولاهنّ حتى تصير الشمس على اعالى للجدران كالملاء المعصفر فان نطق مسلم
خبط بالسيف واخذته العد وشكّ بالرماح وان قال قائل اتّق الله اخذته للحربة
بلا اثم (العزة بلاثم .cod) ثم لم يرض الا بنثر دماغه على صدرة وبصلبه حيث
تراه عياله ٥ ومّا يدلّ على ان القوم لم يكونوا الا فى طريق التمرّد على الله عزّ
وجل والاستخفاف بالدين والتهاون بالمسلمين والابتذال لاهل لحق اكل امراتهم
الطعام وشربهم الشراب على منابرهم ايّام جمعهم وجموعهم فعل ذلك حسن بن
دلجة وطارق مولى عثمن والحجّاج بن يوسف وغيرهم وذلك ان كان كفرا كله فلم
يبلغ كفر نابتة عصرنا وروافض دهرنا لان جنس كفر هاولاء غير كفر اولائك ٥
كان اختلاف الناس فى القدر على ان طائفة تقول كل شيء بقضاء وقدر وتقول
الطائفة الاخرى كل شيء بقضاء وقدر الا المعاصى ولم يكن احد يقول ان الله
يعذّب الابناء لمغيظ (sic) الآباء وان الكفر والايمان مخلوقان فى الانسان مثل
العمى والبصر ٥ وكانت طائفة منهم تقول ان الله لا يرى لا تزيد على ذلك فان
خافت ان يظنّ بها التشبيه قالت يرى بلا كيف تقرّزا (تعريا .cod) من التجسم
والتصوير حتى نبتت هذه النابتة وتكلّمت هذه الرافضة فقالت جسما (sic)
وجعلت له صورة وحدًّا واكفرت من قال بالرؤية على غير التجسم والتصوير

[حتى نبتت هذه النابتة وتكلمت هذه الرافضة فثبّتت له جسما وجعلت له
صورة وحدّا واكفرت من قال بالرُّوية على غير الكيفيّة] ۞ ثم زعم اكثرهم ان كلام
الله حسن وبيّن وحجّة وبرهان وان التوراة غـير الـزبـور والزبور غـير الانجـيـل
والانجيل غير القرآن والبقرة غير آل عمران وان الله تولّى تاليفه وجعله برهانه عـلى
صدق رسوله وانه لو شاء ان يزيد فيه زاد ولو شاء ان ينقص منه نقص ولو شاء
ان يبدّله بدّله ولو شاء ان ينسخه كله بغيرة بنسخة (ونسخته .cod) وانه انزّلـه
تنزيلا وانه فصله تفصيلا وانه بالله كان دون غيره ولا يقدر عليه الا هو غـير ان
الله مع ذلك كله لم يخلقه فاعطوا جميع صفات للخلق ومنعوا اسم للخـلـق ۞
والعجب ان للخلق عند العرب انما هو التقدير نفسه فاذا قالوا خلق كذا وكـذا
ولذلك قال أَحْسَنُ للخَالِقِينَ وقال يَخْلُقُونَ إِنْكًا وقال وَإِذْ يَخْلُقُ مِـن الـطِّـيـن
كَهَيْئَةِ الطَّيْرِ فقالوا صنعه وجعله وقدّره وانزله وفصّله واحدثه ومنعوا خلقه
وليس تاويل خلقه اكثر من قدره ولو قالوا بدل قولهم قدّره ولم يخلقه خلقه
ولم يقدّره ما كانت المسئلة عليهم الا من وجه واحد والعجب ان الذى منعـه
بزعمه ان يزعم انه مخلوق انه لم يسمع ذلك من سلفه وهو يعلم انه لم يسمع
ايضا عن سلفه انه ليس بمخلوق وليس ذلك بهم ولكن لما كان الكلام مـن الله
تعالى عندهم على مثل خروج الصوت من لجوف وعلى جهة تقطيع للحروف واعمال
اللسان والشفتين وما (وان ما .cod) كان على غـير (addidi) هـذه الـصـورة
والصفة فليس بكلام بكلام ولما كنّا عندهم على (غير .cod inv) هـذه الصفـة وكنـا
لكلامنا غير خالقين وجب ان الله عزّ وجلّ لكلامه غير خالق اذ كنّـا غـيـر
خالقين لكلامنا فانما قالوا ذلك لانهم لم يجدوا بين كلامنا وكلامه فـرقـا وان لم
يقترّوا بذلك بالسنتهم فذلك معناهم وقصدهم ۞ وقد كانت هذه الاّمّة لا تجـاوز
معاصيها الاثم والضلال الا ما حكيتُ لك عن بنى اميّة وبنى مروان وعمّالـهـم
ومن لم يدن باكفارهم حتى نجمت النوابت وتابعتها هـذه العوامّ فصار الغالب
على هذا القرن الكفر وهو التشبيه وللجبر فصار كفرهم اعظم من كفر من مـضى

ى الأعمال التى هى الفسق وشركاء من كفر منهم بتوليهم وترك اكفارهم قال الله عزّ
من تائل وَمَنْ يَتَوَلَّهُمْ مِنْكُم فَأَنَّهُ مِنْهُمْ ♦ وارجوا ان يكون الله قد اغاث الحُقيين
ورجهم وقوّى ضعفهم وكثّر قلّتهم حتى صاروا ولاة امرنا ى هذا الدهر الصعب
والزمن الفاسد اشدّ استبصارا ى التشبيه من علمّتنا واعلم بما يلزم فيه منّا
واكشف للقناع من رؤسائنا وصارفوا (sic) الناس وقد انتظموا معانى الفساد اجمع
وبلغوا غايات البدع ثم قرنوا بذلك العصبيّة التى هلك بها عالم بعد عالم
والحميّة التى لا تُبقى دينًا الا افسدته ولا دنيا الا اهلكتها وهو ما صارت اليه
العجم من مذهب الشعوبيّة وما قد صار اليه الموالى من الفخر على العجم والعرب
وقد تحجمت من الموالى ناجمة ونبتت منهم نابتة تزعم ان المولى بولائه قد صار
عربيًا لقول النبى صلّعم مولى القوم منهم ♦ ولقوله الولاد لحمة كلحمة النسب
لا يباع ولا يوهب ♦ قال فقد علمنا ان العجم حين كان فيهم الملك والنبوّة كانوا
اشرف من العرب وان الله لما حوّل ذلك الى العرب صارت العرب اشرف منهم ♦
قالوا افحن معاشر الموالى بقديمنا ى العجم اشرف من العرب وبالحديث الذى
صار لنا ى العرب اشرف من (ى sod.) العجم وللعرب القديم دون لحديث ولنا
خصلتان جميعًا وفرتان فينا وصاحب لخصلتين افضل من صاحب لخصلة ♦
وقد جعل الله المولى بعد ان كان عجميًا عربيًا بولائه كما جعل حليف قريش من
العرب قرشيًا بحلفه وبعد ان جعل اسمعيل كان اعجميًا عربيًا ♦ ولولا قول النبى
صلّعم ان اسمعيل كان عربيًا ماكان عندنا الا اعجميًا لان الاعجم لا يصير عربيًا كما
ان العربيّ لا يصير اعجميًا فانما علمنا ان اسمعيل صيّره الله عربيًا بعد ان كان
اعجميًا بقول النبى صلّعم فكذلك حكم قوله مولى القوم منهم ♦ وقوله الولاد
لحمة ♦ قالوا وقد جعل الله ابراهم عمّ ابنا لمن (addidi) لم يلد كما جعله ابا لمن
ولد وجعل ازواج النبى امّهات المؤمنين ولم يلدن منهم احدًا وجعل لجار
والد من لم يلد ى قول غير هذا كثير قد اتينا عليه ى موضعه وليس ادّى
الى الفساد ولا اجلب للشر من المفاخرة وليس على ظهرها الا غخور (sic)

الا قليل ✦ واى شىء اغيظ من ان يكون عبدك يزعم انه اشرف منك وهو مقرّ انه

صار شريفا بعتقك (sic) ايّاه ﴾ وقد كتبت مدّ الله فى عمرك كتبا فى مفاخرة قحطان

وفى تفضيل عدنان وفى ردّ الموالى الى مكانهم من الفضل والنقص والى قدر ما جعل

الله تعالى لهم بالعرب من الشرف وارجو ان يكون عدلا بينهم وداعية الى

صلاحهم ومنبّهة لما عليهم ولهم ✦ وقد اردت ان ارسل بالجزء الاوّل اليك ثم

رايت الا يكون الا بعد استيذانك واستيمارك والانتهاء فى ذلك الى رغبتك ﴾

فرايك فيه موقّق (cod. موقفا) ان شاء الله عزّ وجلّ وبه الثقة ﴾

تمّت الرسالة

NOTICE

SUR

UN ANCIEN MANUSCRIT ARABE,

PAR

R. P. L. CHEIKHO,

PROFESSEUR À L'UNIVERSITÉ SAINT-JOSEPH À BEYROUTH.

M. Georges Safa, avocat de Daïr-al-Qamar Liban, établi à Beyrouth, a bien voulu me communiquer un ancien manuscrit arabe de sa bibliothèque, avec autorisation de faire part aux Orientalistes de ce qui pourrait s'y trouver d'intéressant. Je profite de cette permission pour faire connaître aux membres du XI° Congrès des Orientalistes réunis à Paris, le contenu de cet ouvrage, en y joignant le texte et la traduction d'un petit traité sur la *Lumière*, extrait d'Aristote par Ḥoneïn Ibn Isḥaq et qui fait partie du manuscrit en question.

Le volume mesure o m. 23 de hauteur sur o m. 16 de largeur. Il renferme 360 pages de 17 lignes chacune. Son écriture nette et régulière est du genre appelé *naskhi*. Aucune date n'indique l'époque où il a été copié. A en juger par le papier, nous serions porté à le faire remonter au xiv° siècle. Le style est généralement correct et même élégant.

Voici les traités que le manuscrit contient :

1° P. 1-49 : كتاب تهذيب الاخلاق par يحيى بن عدىّ, ابو زكرِيّا, auteur célèbre et chrétien jacobite (+ 975). Traité sur les vertus morales, dont on a fait, à Beyrouth en 1866 et au Caire en 1891, deux mauvaises éditions à peine connues en Europe. Avec le présent manuscrit, on pourrait publier de cet ouvrage utile une bonne édition. Le premier feuillet a malheureusement disparu.

2° P. 50-84. كتاب برسيس (؟) فى تدبير الرجل لمنزله. C'est un traité d'économie domestique. L'auteur برسيس qu'on peut lire برسيس, ترسيس ou ترسيس, nous est inconnu. A la fin du traité, on lit : ثم قول الحكيم برسيس (*sic*). Il s'agit probablement d'un auteur grec traduit en arabe.

3° P. 85-99. رسالة دامسطيوس وزير اليان وهو يوليانوس الملك في السياسة
نقلهُ ابن زُرْعَة من اللغة السريانية. — Themistius est un commentateur
d'Aristote, qui fleurit au IV⁰ siècle de notre ère. Ce traité sur la politique
n'est pas mentionné dans la liste de ses ouvrages. Leclerc, dans son *Histoire de la médecine arabe*, et Wenrich, dans son ouvrage sur les traductions
grecques dans les langues orientales, ne mentionnent point ce traité non
plus que le précédent. Le traducteur ابن زُرْعَة de la secte des Jacobites
mourut, d'après Ibn Abi Osaïbia, en 448 de l'hégire (1056 de J.-C.).

4° P. 100-111. رسالة افلاطون الحكيم الى فرفوريوس في حقيقة نفي الغـمّ
والهمّ واثبات الزُّهد جوابًا عن سؤال كان سبق منهُ اليهِ. S'agit-il ici du traité
De amovendis animæ curis du grand Platon? nous ne le croyons pas. En
tout cas, le recueil de ses œuvres publié par Firmin-Didot ne contient rien
qui réponde au titre énoncé plus haut. Peut-être avons-nous affaire simplement à l'œuvre d'un platonicien d'une époque postérieure et faussement
attribuée à Platon. — Un appendice de quelques lignes se trouve à la
fin de ce traité : c'est une citation de Pythagore sur la véritable pauvreté
et la vraie richesse.

5° P. 112-177. رسالة المعاني لهرمس الفاضل المثلَّت الحكمة في معاتبة
النفس. C'est le traité *De castigatione animæ*, publié à Bonne en 1873 par
Bardenhewer. Notre Bibliothèque orientale de Beyrouth en possède un
autre exemplaire.

6° P. 179-225. مختصر في كتاب الاخلاق لجالينوس. C'est un résumé du
traité de Galien Περὶ ἐθῶν (voir Galeni *Scripta minora*, ed. Müller, vol. II,
9-31). Cette traduction arabe est probablement celle de Ḥobeich (cf. Leclerc, I, 155 et 245).

7° P. 224-231. من مقالة لجالينوس في انَّ قوى النفس توابع لمزاج البدن
Le même Ḥobeich a traduit ce traité de Galien. Casiri (*Bibl. Escur.*, I,
255) en signale une copie conservée à l'Escurial. L'original grec a été
publié par Müller (vol. II, 32-79). Évidemment nous n'avons ici qu'un
abrégé fort succinct de l'ouvrage primitif.

8° P. 231-235. مختصر مقالة لجالينوس في الحثّ على تعلُّم العلوم والصناعات
Ce 3⁰ traité de Galien répond au Προτρεπτιϰός ἐπὶ τέχνας dont Mar-
quardt a donné le texte (Galeni *Scripta minora*, vol. I, 102-129). La
traduction arabe n'est qu'un simple abrégé de l'original.

9° P. 236-257. كتاب التفّاحة لسقراط. Wenrich parle de cet ouvrage à la page 138. Il en signale une traduction hébraïque faite sur l'arabe par le rabbin Abr. ben Chasdaï. On peut lire dans le même ouvrage l'historique de ce livre attribué à Aristote, non à Socrate. Mais les détails rapportés dans notre manuscrit semblent plutôt rappeler les derniers moments de Socrate.

10° P. 258-265. من كلام جمعه حُنين بن اسحاق من ارسطوطاليس في انَّ الضوُ ليس بجسم للمُقَم بن هلال الصابئ. On trouvera plus bas la traduction de ce traité avec les renseignements que nous avons pu recueillir sur ce sujet.

11° P. 266-360. Le reste du volume contient toute une série de fragments de traités amalgamés et reliés sans aucun ordre et sans suite. Il est difficile d'en reconstituer un traité complet. Un ancien possesseur du manuscrit arabe aura relié ces feuillets détachés pour les conserver. Nous remarquons des fragments des ouvrages suivants :

1° مقالة لعليّ بن ابراهم الكفرطابيّ فى التشريح. — 2° un curieux traité de Legibus d'un auteur inconnu. — 3° كتاب الثمرة لبطليموس شرح احمد ابن يوسف الكاتب. Voir Wenrich, p. 231, où l'auteur signale plusieurs manuscrits de cet ouvrage. — 4° un fragment de traité sur les transcendentaux tels que l'être, l'unité, etc. — 5° (?) كتاب الاخلاص اختصار الاسكندر اهمين — 6° un traité sur les vertus morales. — 7° un fragment de la fameuse légende de Barlaam et de Josaphat. — 8° كتاب تدبير المتوحّد, composé ou traduit par ابو بكر بن الصائغ, connu en Europe sous le nom d'Avenpace (2 pages seulement). — 9° من كتاب الملّة لابي نصر الفاراىن — (ابن باجة)

Disons maintenant un mot du traité 10° dont nous allons donner le texte et la traduction.

Et d'abord, nous devons constater qu'Aristote n'a pas fait de traité spécial sur la Lumière, bien qu'il en parle souvent dans ses ouvrages. Honein, en recueillant la doctrine du Stagyrite sur la nature de la Lumière, a cru donc faire une œuvre d'autant plus utile que la question ne semble pas avoir été traitée ex professo avant lui. Ce recueil montre de plus que Honein était parfaitement familiarisé avec les œuvres et la doctrine d'Aristote, puisqu'il a su en extraire des passages parfois perdus dans des traités qui n'ont aucun rapport direct avec ce sujet. Cela suppose du moins une lecture attentive des ouvrages du grand philosophe pour noter les moindres détails qui ont rapport à une question spéciale. Nous croyons même que Honein a puisé certains de ses arguments dans des ouvrages aujourd'hui perdus. Il nous eût été plus facile de contrôler ce point, si Honein avait eu la bonne idée d'indiquer les ouvrages dont il tire chacun de ses arguments.

Une autre question se pose ici : Honein a-t-il rédigé lui-même le traité qui va suivre? Le mot du titre « جمعَ حنين » semble autoriser la chose. Mais que signifient alors les mots suivants « للقتم بن هلال، الصابئ » qui laissent entendre qu'Ibn Hilal serait sinon l'auteur du moins le rédacteur du traité? On peut, ce semble, répondre qu'Ibn Hilal aura retouché le travail de Honein. Peut-être aussi Honein aurait-il écrit en syriaque; Ibn Hilal serait ainsi simplement le traducteur de ce travail. Quoi qu'il en soit, nous avons affaire à une œuvre ancienne, composée à l'époque où l'étude des philosophes grecs passionnait les Arabes. Honein fut un des principaux initiateurs de ce mouvement intellectuel. Il mourut en 260 de l'hégire (874). Une multitude d'hommes célèbres, surtout chrétiens, suivirent son exemple. Ibn Hilal fut du nombre. Il était de la secte des Sabéens et neveu du fameux Thabit, fils de Sinan, fils de Thabit ibn Qorrah († 360 = 974), comme nous l'apprend Barhebræus dans l'*Histoire des dynasties* (éd. Salhani, p. 296). Ibn Nadim en parle dans le *Fihrist* (éd. Flügel, p. 244 et 266); il l'appelle هلال ابن ابي هلال الحمصي. Ce fut lui qui traduisit les quatre premiers livres des sections coniques d'Apollonius de Perge.

Nous avons pensé que ce petit traité sur un sujet qui a toujours eu le don d'exciter la curiosité de l'homme, et qui semble en particulier avoir passionné l'esprit de l'un des plus savants interprètes orientaux de la pensée d'Aristote, ne serait pas dépourvu d'intérêt, à une époque où les sciences physiques et naturelles, malgré les progrès remarquables qu'elles ont réalisés, n'ont cependant pas encore donné leur dernier mot sur la nature intime de la Lumière.

Nous conseillons aux orientalistes de comparer le traité suivant avec celui d'Ibn-al-Haitham, paru en 1882 dans *Z. D. M. G.*, et traduit en allemand par J. Baarmann (vol. XXXVI, 195-237; cf. vol. XXXVII, 145-148).

Beyrouth, 17 août 1897.

(p. 258) من كلام جمعه حنين بن اسحاق عن ارسطوطاليس في ان الضوء
ليس بجسم للقمم بن هلال الصابئ

قال أصحّ ما انتهى الينا من قول الاوائل في الضياء كُجَبِ ارسطو فممّا احتجّ بـه
في كتاب النفس وغيرة على ذلك انه قال كل جسم اذا تحـرّك فانّما تكون
حركته في زمان والضياء يتحرك لا في زمان فليس بجسم، وذلك انه مع طلوع
الشمس يضيء الافقُ كلّهُ معاً وليس يضيء جزء بعد جزء فيكون متحرّكا
لا في زمان لان الزمان يتجزّاً بالقبل والبعد ويتجزّاً ما كان فيه من للحركات
بتجزّئه، ثم احتجّ فقال كل جسم لا يخلو ان يكون بسيطا و امّا مركّبا والاجسام
البسيطة والمركّبة لا يخلو اذا تحرّكت بتطا بعها (بطبائعها) مـن احـدى
حركتين اما حركة مستقيمة او مستديرة و المتحركات بالمستقيمة هي النـار
والهواء والماء والارض وما هو مركّب منها وهذة للحركة تنقسم قسمين امّا من
الوسط كحركة النار والهواء وامّا الى الوسط كحـركـة المـاء والارض والمتحـرّكـات
بالحركة المستديرة هي السماء وما فيها من الاجرام السماوية والضياء ليـس
يتحرّك حركة مستقيمة ولا مستديرة بل يتحرّك من الوسط الى العلو كحركة
ضياء المصابيح ويتحرّك من العلو الى الوسط (p. 259) كحركة ضياء الشمس
ويتحرّك على الوسط كحركة ضياء الاجرام العلوية التابع لحركة اشخاصها وكل
جسم حركته الطبيعية الى جهة واحدة فقط والضياء يتحرّك الى جهات كثيرة
فليس بجسم، ثم احتجّ فقال ان كان ضياء الشمس جسما فلا يخلو اذا سلك
في الهواء وانار به من احـدا (احدى) ثلث خـلال امّـا ان يجـاور الـهـواء او
يداخله او يكون محولاً فيه، فان كان بجاورًا له فمكانه غير مكانـه فهذا شأن
الاجسام المتجاورة فيكون المكان الذي يحلّ فيه الضياء مضيئاً والمكان الذى يحلّ
فيه الهواء غيرمضيء والحسّ يبطل هذا لأنّا نجد الهواء اذا اشرقت الشمس
عليه مضيئاً كله، وان كان مداخلاً له لزم ان يحلّاً في مكان احدها ولو جاز

هذا في جسمين جاز في ثُلثة او اربعة وفي اجسام العالم كلها حتـى يكون
العالم كله مداخلاً لبهائه (لهباءة) وهذا محال، فلم يبق الّا ان يكون محمولاً فيـه
والمحمول في الجسم عرض فالضياء عرض، ثم احتجّ فقـال ان كان الـضيـاء
جسما نيّرًا فيجب ان يكون اذا خالط الهواء ان (او) اذا اتصل بـه ان يكثـف
اجزاء الهواء فيظلم وذلك انّا لو اخذنا صفيحة نحاس من جسم نيّر ثم ضممنـا
اليه صفيحة اخرى مثلها لغلظت واظلمت وليس نجد الهواء يغلظ ويظلم (p. 260)
اذا خالطه الضياء بل يلطف وينير واذا كانت الاجسام النيرة اذا قرن بـعـضهـا
ببعض غلظت واظلمت والضياء اذا حلَّ في الهواء انارة فالضياء ليـس بجـسم
نيّر كما قالوا، واحتجّ ايضًا فقال اذا كان الضوء مضادًا للظلمة وكانت الظلـمـة
ليست جسمًا فيجب ايضًا ان يكون الـضـوء ليـس هو جـسمًا وذلك ان قـوة
المتضادّين واحدة فان كان احدها عرضًا كان الآخر عرضًا كـالـسـواد والبياض
وان كان احدها جسمًا كان الآخر جسمًا كالماء والنار المتضـادّيـن بـالـقـوى واذا
الظلمة ليست جسمًا فالضوء ليس هو جسمًا، ثم احتجّ فقال ان كان ضوء النار
جسمًا فلا بد ان يكون امّا نارًا وامّا جسمًا متنعتًا (منبعثًا) من النار ولايجوز ان
يكون ضوء النار نارًا لان النار تحرق والضوء لا يحرق لان الضوء يوجـد فـي المـاء
والماء من شأنه ان يبرد ويرطب وهو ضدّ النار، والاضداد اذا تلاقت تفاسـدت
والضوء والماء اذا اجتمعا لم يتفاسدا فالضوء ليس بنار، وايضًا فنجد ضوء النـار
واقعًا على القطن والصوف والاشياء التي من شأن النار ان تلهب فيها فـلـوكـان
ضوء النار نارًا لكان محرقًا ملهبًا لهذه الاشياء ولوكان جسمًا منبعثًا من النار
لم يمتنع ان يوجد بعد الطفاء (p. 261) النار لان الاجسـام قـائـمـة بـانفـسـهـا
ومنفردة بذواتها، ولحسّن يبطل هذا لانّا نجد ضوء النار يزول بزوالها فـلـيـس
بجسم، واحتجّ فقال ان كان ضوء النار جسمًا فهو يقبل الفساد كما يقـبـل النـار
الفسادَ لانّا نجد ذهابه موصولًا بذهابها وكل جسم يقبل الفساد فهـو لا محـالـة
منقل (منتقل) الى طبيعة مفسدة او الى طبيعة متوسّطة بينها كالنار الـتـي اذا

افسدت الماء صار بخارًا والضوء ليس بمنتقل الى الطبيعتين من الاجسام عنـد
فسادة فالضوء اذًا ليس بجسم، واحتجّ فقال انّا اذا قلنا ان يضيء فانّمـا
نعني انه يؤثّر الضياء كما انّا اذا قلنا انه يسخّن فانما نعني انه يؤثّر التسخيـن
والاثر فعل المؤثّر في الشيء القابل للتأثير وليس شيء في الآثار جسمًا فاذا كان
الاثر عرضًا فالضياء عرض، واحتجّ فقال ان الضياء كيفيّة وذلك انه يقبل الاشدّ
والاضعف وهذا من خواصّ الكيفيّة وبيان ذلك اننا نقول هـذا لجسم اضعف
ضياء من جسم آخر مضيء، قال وكذلك تجد الضياء يقبل الشبه وغير الشبه
وهذه هي للخاصّة والعامة لجميع انواع الكيفيّة وذلك انه يقال ضوء النـار غيـر
مشبه لضوء الشمس وضوء هذا الكوكب مشبه لضوء هذا الكوكب فالضياء اذا
(p. 26ه) كيفيّة والكيفيّة عرض، واحتجّ فقال ان المكان له قوّة اثرها بيّن فـي
الاشياء الطبيعية ولذلك يوجد لكل جسم مكان خاصّ به يطلبه بطبيعتـه
فالمكان احد الاسباب المتقدّمة في معرفة الاشياء واذا كانت الاجسام المستقيمة
للحركة والتي حركتها على الاستدارة لها امكنة طبيعية وكان العلو مكان النـار
والهواء والوسط مكان الاجسام التي يغلب على تركيبهـا الارض والمـاء والمـوضـع
الحيط بالوسط للاجرام المستديرة للحركة وكانت هذه الامكنـة الثـلثـة هـي
الامكنة الطبيعية وكان محال ان يوجد جسم ليس له مكان طبيعي خاصّ بـه
وذلك انه لمّا لم يكن جسم الّا وله حركة طبيعية خاصّة به وجب ان يكون لـه
مكان طبيعي خاصّ به فيجب فى هذه المقدّمات ان يكون الضياء ليس بجـسم
وذلك انه ليس شيء من هذه الامكنة اعني العلو والوسط وما احاط بالـوسـط
احصّ بالضياء من غيره لانه يوجد فيها كلها ولا يطلب منها شيء (شيئًا) اذا
فارقه، واحتجّ فقال ان الضوء مخالف للظلمة امّا كمخالفة الشيء لضـدّه وامّـا
كمخالفة الوجود للعدم وبلي لحالين خالف كان عرضًا وذلك ان الوجود والـعـدم
والاسباب المتضادّة هي من النعوت التي يقابل (p. 26۳) بعضها بـعـضـا امّـا
الاضداد مثل لون السواد مقابل للبياض وامّا كون الوجود مقابلاً للـعـدم مثـل

كون العمى مقابلاً للبصر، وللجوهر فلا مقابل له فاكان ذا مقابل فليس بجوهر والضياء مقابل للظلمة فهو عرض، وقال ان الضياء نافذ في الجمرة وللجمرة جرم وللجرم لا ينفذ في الجرم، وقال ان الصقالة ضرب من الضياء فانّا اذا اخذنا جسمًا مستخصفًا اسود فصقلناه صار مضيئًا والصقل هو ضم اجزاء الجرم بعضها الى بعض ووضعها في سطح واحد حتى لايكون فيها شيء ناتٍ عن شيء وعلى هذه الحال يكون للجرم مضيئًا وهي عرض

فهذه جمل قول للحكم ولمّا احكم القول في حدّ الضياء وفرق بينه وبين اللون بدا قبل ذلك فاخبر ان الانفعال نوعان احدها مفسد والآخر متمم، أمّا المفسد فمثل انفعال البياض من السواد فان السواد اذا فعل في البياض فسد الشيء الابيض وصار اسود وأمّا المتمم فمثل انفعال الهواء من الضياء فان الضياء يصيره مضيئًا من غير ان يفسد بغير (بتغيّر) ذاته بل يصير الهواء بالضياء تامًّا، وبعد ذلك قال اللون هو تمام للجسم الصافي المستشفّ اعني الهواء والماء وما كان مثلهما من ذوات الصفا التى تدرك الوان الاشياء فيها على الحقيقة (p. 264) لان لهواء ليس بذي لون بذاته لكنه يقبل الالوان من غيره وذا لون بذاته لم يكن يُؤدّي الينا لون شيء على حقيقته وكانت تتخذ الوان الاشياء المتضادة بلونه كالناظر الى الشيء من وراء الزجاجة المصبوغة فانه يراه بلون ممتزج من لون الزجاجة ولون ذلك الشيء في نفسهِ، واذا لم يكن الهواء ذا لون بذاته وهو قابل للّون فهو اذًا ذو لون بالقوّة وأمّا ينقله من القوة الى الفعل لوان الاشياء الموجودة فيه فيصير ذا لون بالفعل، ومصير الهواء ذا لون بالفعل بعد ان كان ذا لون بالقوّة انفعال تمامي

ثم حدّ الضياء فقال هو اثر في الجسم الصافي به يتّم ويكون قابلاً للون، واعني بالجسم الصافي الهواء وما كان مثله من الاجسام ذوات الصفاء التى تدرك فيها الوان الاشياء، فقد تبيّن الفرق بين اللون والضياء فهما وان كانا متمّمين للهواء الآ ان الهواء أمّا يقبل اللون بتوسّط الضياء اذ كان هو الذي هو يجعله اولاً مضيئًا

فاذا صار مضيئًا قبل حينئذ قبل اللوان ولولا توسّط الضياء وتنعيمه للهواء لم يقبل
للوان الاشياء ، والدليل على انّ الهواء يقبل الالوان أنّا اذا وضعنا الـشـيء
المتلألئٌ في الهواء استحال الهواء وصار له لون مثل لون ذلك الـشـيء المتلألئ؟
نحدّ الضياء انه اثر في لجسم الصافي به يتمّ ويكون قـابـلاً لـلـدون وانّمـا حـدَّ
(p. ٢65) ارسطو اللون والضياء من تنعيمهما لانه كان يزعم ان الهواء الذي فيما
بين البصر والمبصر يتنصبّغ بلون المبصر ويصير ذا لون مثله بالـفـعـل، قـال ولان
ذلك الهواء متصل بابصارنا وابصارنا من الاجسام ذوات الصقالة ولجسم ذو الصقالة
يستحيل من الضياء واللون كما قلنا وجب ان يكون ابصارنا تستحيل من الضياء
وتنصبّغ من لون ذلك الشيء، الّا ان هذه الاستحالة الموجودة في البصر لا تكون
الّا بتوسّط الضياء والهواء وبتوسّط جسمٍ صافٍ يكون فيما يكون بين البصر والمبصر يقوم
مقام الهواء من حيث ينقطع الهواء كالماء وما اشبهه من الاجسام الصافية، قـال
وهذه الاستحالة متمّمة للبصر لا مفسدة له ولذلك كان حدّ الـلـوان انه تمـام
لجسم الصافي ذو (حى) المستشفّ وحدّ الضياء انه اثر في لجسم الـصـافـي بـه
يتم ويكون قابلاً للون، تَمَّ ذلك وللّه الشكر والمنة دائمًا

TRADUCTION.

EXTRAIT D'UN TRAITÉ TIRÉ D'ARISTOTE PAR HONEIN IBN ISHAQ
POUR PROUVER QUE LA LUMIÈRE N'EST PAS UN CORPS,
PAR QOTEIM IBN HILAL AS–SABI.

Ce qui nous est parvenu de plus exact sur l'opinion des
anciens au sujet de la lumière, ce sont les arguments d'Aristote. Voici comment il raisonne dans le livre *De l'âme* et ailleurs.

[1.] Tout corps qui se meut, ne se meut qu'en une période

de temps. Or la lumière ne se meut pas dans une période de
temps. Donc elle n'est pas un corps. En effet, au lever du
soleil, tout l'horizon est éclairé à la fois, et non une partie
après l'autre. La lumière ne se meut donc pas dans une période de temps, car le temps se divise en « avant » et « après »;
par suite, tout mouvement qui se produit dans le temps se
divise par sa mesure [1].

[2.] *Autre argument.* — Tout corps est nécessairement
simple ou composé. D'autre part, les corps soit simples, soit
composés, lorsqu'ils se meuvent suivant leur nature [2], ont nécessairement l'un des deux mouvements suivants : le mouvement rectiligne ou le mouvement circulaire. Les corps à mouvement rectiligne sont le feu, l'air, l'eau et la terre, et tous
leurs composés. Le mouvement rectiligne se subdivise en deux
sortes de mouvements : le mouvement centrifuge, comme
celui du feu et de l'air; et le mouvement centripète, comme
celui de l'eau et de la terre. Les corps à mouvement circulaire
sont le ciel et les corps célestes qu'il renferme. Or la lumière
ne se meut ni en ligne droite, ni en ligne courbe, mais du
centre vers le haut, comme par exemple la lumière des lampes,
ou du haut vers le centre, comme le mouvement de la lumière
solaire, ou encore autour du centre, comme la lumière des
corps supérieurs, laquelle suit le mouvement de chacun d'eux.
Or tout corps ne se meut que dans un seul sens. Mais la lumière se meut en plusieurs sens. Donc elle n'est pas un corps [3],

[3.] *Autre argument.* — Si la lumière du soleil était un corps,
elle devrait, lorsqu'elle se répand dans l'air et qu'elle l'éclaire,

---

[1] Arist. (édit. Didot), *De Anima,* lib. II, cap. vii: *De Sensu et Sensili,* c. vi.

[2] Le manuscrit porte بتطابعها que nous lisons بطبائها.

[3] Arist., *De Cœlo,* L. I, c. ii. — Comparer l'argument suivant n° 10.

se trouver nécessairement dans l'une de ces trois alternatives :
avoisiner l'air, le pénétrer, ou bien en être soutenu. Si elle
avoisinait l'air, elle n'occuperait pas le même lieu que lui, car
c'est là le propre des corps qui s'avoisinent. Le lieu occupé par
la lumière serait donc éclairé et celui qu'occuperait l'air ne le
serait pas. — Or le sens annule cette supposition, car nous
voyons que dès que le soleil illumine l'air, ce dernier est éclairé
tout entier. — Si la lumière pénétrait l'air, il faudrait que
tous les deux à la fois se trouvassent dans le lieu de l'un ou de
l'autre : or, si la chose était possible pour deux corps, elle le
serait aussi pour trois et pour quatre et pour tous les corps du
monde, en sorte que le monde tout entier entrerait dans un
atome [1]. Ce qui est impossible. — Il ne reste donc plus qu'une
hypothèse : à savoir, que la lumière soit soutenue par l'air. Or
ce qui est soutenu par un corps est un accident. — Donc la
lumière est un accident.

[4.] *Autre argument.* — Si la lumière était un corps lumineux, il faudrait, lorsqu'elle se mêle à l'air ou qu'elle l'atteint,
que les parties de ce dernier devinssent opaques, et par suite
que l'air s'obscurcît. Prenons, en effet, une plaque de cuivre
brillant : si nous lui appliquions une autre plaque semblable,
elle perdrait certainement son éclat et deviendrait obscure. —
Or nous ne voyons pas que l'air devienne opaque ou ténébreux
toutes les fois que la lumière le pénètre : tout au contraire, il
en devient subtil et éclairant. Si donc les corps brillants perdent
leur éclat et s'obscurcissent lorsqu'on les applique l'un contre
l'autre, et si, par contre, la lumière illumine l'air lorsqu'elle
vient à l'occuper, il en résulte que la lumière n'est pas un corps,
comme on l'a prétendu.

[1] Le texte porte لـهايـة qui remplace un mot raturé. Il est évident qu'on doit
lire لهبـاءة.

[5.] *Autre argument.* — Puisque la lumière est contraire aux ténèbres, et que les ténèbres ne sont pas un corps, il faut en conclure que la lumière elle-même n'est pas un corps. Car la raison[1] des deux contraires est la même : si l'un est un accident, l'autre l'est aussi, comme le noir et le blanc; et si l'un est un corps, l'autre l'est aussi, comme l'eau et le feu, qui se contrarient mutuellement par leurs énergies. Donc, puisque les ténèbres ne sont pas un corps, la lumière ne l'est pas non plus[2].

[6.] *Autre argument.* — Si la lumière du feu était un corps, elle serait nécessairement du feu ou un corps émané du feu. Or : (*a*) il n'est pas possible que la lumière soit du feu, car le feu brûle tandis que la lumière ne brûle pas. En effet, on trouve de la lumière dans l'eau : or l'eau a pour propriété de refroidir et de mouiller, ce qui est précisément le contraire du feu. — Or lorsque deux contraires se rencontrent, ils se corrompent[3] mutuellement; mais la lumière et l'eau, lorsqu'elles se rencontrent, ne se corrompent pas mutuellement; — donc la lumière n'est pas du feu. — De même, nous voyons que la lumière du feu tombe sur le coton et sur la laine et sur les objets que le feu a pour propriété d'enflammer. Or si la lumière du feu était du feu, elle brûlerait certainement ces objets et les enflammerait. — (*b*) Si la lumière du feu était un corps émané du feu, rien ne l'empêcherait de subsister après l'extinction du

---

[1] كوّة signifie, dans ce passage, *puissance, nature, raison.* C'est le *ratio* latin. — Les scolastiques ont rendu la même pensée dans les mêmes termes : *Eadem est ratio contrariorum.*

[2] Arist., *De Anima,* L. II, c. viii.

[3] فساد répond ici au *corruptio* des scolastiques : c'est pourquoi nous avons préféré «corruption» à *altération*, qui n'emporte pas l'idée d'une transformation complète, autrement dit du passage d'une nature à une autre. Comparer l'argument suivant n° 7.

feu, car les corps subsistent en eux-mêmes et possèdent leur individualité propre. Or le sens annule cette supposition, car nous voyons que la lumière cesse d'exister dès que le feu disparaît. Donc la lumière n'est pas un corps.

[7.] *Autre argument.* — Si la lumière du feu était un corps, elle serait nécessairement susceptible de corruption, tout comme le feu, car nous trouvons que la disparition de la lumière est liée à celle du feu. — Or tout corps qui subit une corruption passe nécessairement à l'état d'une nature corrompue ou d'une nature intermédiaire, comme l'eau qui, lorsqu'elle est corrompue par le feu, devient vapeur. Or la lumière, lorsqu'elle se corrompt, ne passe ni à l'un ni à l'autre de ces deux états des corps. Donc elle n'est pas un corps.

[8.] *Autre argument.* — Lorsque nous disons qu'un corps éclaire, nous entendons uniquement qu'il produit de la lumière; comme, par exemple, lorsque nous disons qu'un corps échauffe, nous entendons uniquement qu'il produit de la chaleur. Or la production est l'opération de l'agent sur l'objet capable de recevoir son action. Mais nulle action n'est un corps. Donc, puisque l'action est un accident, la lumière l'est aussi.

[9.] *Autre argument.* — La lumière est une qualité, puisqu'elle peut augmenter ou diminuer, et que le plus et le moins sont des propriétés de la qualité. En effet, nous disons que tel corps est moins lumineux que tel autre. De même nous trouvons que la lumière est susceptible (de l'attribut) de ressemblance ou de non-ressemblance. Or c'est là une propriété spéciale, commune à tous les genres de qualités. Nous disons, en effet, que la lumière du feu n'est pas semblable à celle du soleil, et que la lumière de telle étoile est semblable à celle de telle autre étoile. Donc la lumière est une qualité. Or la qualité est un accident. (Donc . . . . .)

[10.] *Autre argument.* — Le lieu est doué d'une puissance dont l'action est manifeste dans les choses naturelles. C'est pourquoi il y a, pour chaque corps, un lieu propre qu'il exige par sa nature. Or le lieu est une des choses qui priment toute connaissance de la nature des objets. Cela posé : puisque les corps à mouvement rectiligne et les corps à mouvement circulaire occupent un lieu assigné par la nature (en effet, le haut est le lieu du feu et de l'air, le centre celui des corps dont les éléments composants sont principalement la terre et l'eau, et la périphérie [1] celui des corps qui se meuvent en ligne courbe; de sorte que ces trois lieux sont les lieux naturels), et puisqu'il est impossible qu'un corps soit privé de son lieu propre (car s'il est impossible qu'un corps soit privé de son mouvement naturel propre, il faut nécessairement qu'il occupe son lieu propre assigné par la nature), il résulte de ces prémisses que la lumière n'est pas un corps. En effet, aucun de ces trois lieux, à savoir le haut, le centre et la périphérie, n'appartient à la lumière d'une façon plus spéciale que les deux autres, car elle les occupe tous les trois et n'en exige précisément aucun lorsqu'elle vient à quitter l'un d'entre eux [2].

[11.] *Autre argument.* — La lumière est opposée aux ténèbres, soit comme le contraire à son contraire, soit comme l'être au néant [3]. Or, que la lumière possède l'une ou l'autre de

---

[1] الموضع المحيط بالوسط, littéralement : le lieu qui est περὶ τὸ μέσον : Arist., *De Cœlo*, L. I, c. II. — Le mot « périphérie » semble rendre assez exactement cette expression dont nous ne connaissons pas d'équivalent français.

[2] Comparer l'argument n° 2.

[3] Autrement dit, comme le contradictoire à son contradictoire. Aussi nous

ces deux oppositions, elle est toujours un accident. En effet, les contradictoires et les contraires sont des attributs qui s'opposent mutuellement, comme le noir au blanc, parmi les contraires, et la cécité à la vue, parmi les contradictoires[1]. Or la substance n'a pas d'opposé, et tout ce qui a un opposé n'est pas une substance. Mais la lumière est l'opposé des ténèbres. Donc elle est un accident.

[12.] *Autre argument.* — La lumière pénètre le charbon. Or le charbon est un corps. Mais un corps ne peut pas en pénétrer un autre. (Donc . . . . .)

[13]. *Autre argument.* — Le «poli» est une espèce de lumière, car, lorsqu'on prend un corps solide noir et qu'on le polit, il devient brillant. Or le polissage consiste à appliquer les parties du corps les unes contre les autres et à leur donner une même surface, de façon qu'il n'y reste aucune protubérance : c'est alors précisément que le corps devient lumineux. Cet état est donc un accident.

Voilà la somme de ce qu'a dit le Philosophe sur la lumière. Lorsqu'il en vint à donner une définition rigoureuse de la lumière et à établir sa différence d'avec la couleur[2], il commença d'abord par poser qu'il y a deux sortes de passions[3] : celle qui corrompt le patient et celle qui le perfectionne. Nous

---

traduisons plus bas cette expression composée, par un seul mot français «contradictoires».

[1] Arist., *Categor.*, c. viii, *De oppositis.*

[2] Le manuscrit porte après ce membre de phrase la conjection و, qui est évidemment une addition de copiste.

[3] Nous n'avons pu trouver nulle part dans Aristote cette théorie sur la passion, comme préliminaire à la définition de la lumière. Elle n'en est pas moins conforme à la doctrine générale du philosophe sur l'action et la passion.

avons un exemple de la première dans la passion que fait subir le noir au blanc, car lorsque le noir agit sur le blanc, ce dernier se corrompt et devient noir; et un exemple de la seconde dans la passion que fait subir la lumière à l'air, car la lumière le rend lumineux sans lui faire subir la moindre corruption dans sa nature [1] : au contraire, l'air en devient parfait.

Après ce préliminaire, le Philosophe parle comme il suit :
La couleur est la perfection de tout corps limpide, transparent, c'est-à-dire de l'air, de l'eau et de tous les corps diaphanes semblables, dans lesquels on perçoit les couleurs des objets dans leur réalité. Car l'air n'est pas coloré par lui-même, mais il reçoit les couleurs d'autrui. S'il était coloré par lui-même, il ne laisserait parvenir à nos yeux aucune couleur étrangère dans sa réalité, et les couleurs opposées des objets prendraient sa propre couleur, comme il arrive à celui qui, regardant à travers un verre coloré, voit l'objet sous une couleur composée de celle du verre et de la couleur propre de l'objet. Or, puisque l'air n'a pas de couleur par lui-même et qu'il la reçoit d'ailleurs, il n'est coloré qu'en puissance, et il n'y a que les couleurs des objets qui y sont présents qui, le faisant passer de la puissance à l'acte, le rendent coloré en acte [2]. — Or devenir coloré en acte après avoir été coloré en puissance est une passion qui perfectionne.

Ensuite il définit la lumière et dit : La lumière est une action subie par un corps diaphane, par laquelle il se perfectionne et reçoit la couleur. J'entends par corps diaphane l'air et tous les corps diaphanes semblables dans lesquels nous percevons les couleurs des objets. La différence entre la couleur

---

[1] Le manuscrit porte : ذلك بعيى لفسد ان غير من. Il semble évident, par le contexte, que c'est ذلك بعغير يُفسد ان غير من qu'il faut lire.

[2] Arist., *De Anima*, L. II, c. vii; *De Coloribus*, c. i.

et la lumière est donc manifeste. Elle consiste en ce que, bien que toutes deux perfectionnent l'air, cependant l'air ne reçoit la couleur que par l'intermédiaire de la lumière[1]; car c'est la lumière qui le rend d'abord lumineux, après quoi il reçoit la couleur[2]. Sans l'intermédiaire de la lumière et sans la perfection qu'elle lui apporte. l'air ne recevrait pas les couleurs des objets. Ce qui prouve que l'air reçoit les couleurs, c'est que, lorsque nous y plaçons un objet luisant, l'air s'en informe et prend une couleur pareille à celle de l'objet luisant[3]. Il a donc défini la lumière en disant que c'est une action reçue par un corps diaphane, par laquelle il se perfectionne et reçoit la couleur. — La raison pour laquelle Aristote a défini la couleur et la lumière par la perfection qu'elles apportent, c'est qu'il pensait que l'air qui se trouve entre l'œil et l'objet perçu prend la couleur de ce dernier, et devient coloré comme lui en acte. De plus, puisque cet air arrive à nos yeux et que nos yeux sont des objets polis[4], et que tout objet poli est informé par la lumière et la couleur, comme nous l'avons dit, il faut que nos yeux soient informés par la lumière et reçoivent la couleur de l'objet. Toutefois cette information ne s'opère dans l'œil que par l'intermédiaire de la lumière et de l'air, ou par l'intermédiaire d'un corps transparent, placé entre l'œil et l'objet perçu et remplaçant l'air intercepté, comme serait l'eau ou tout autre corps diaphane semblable. Or cette information perfectionne l'œil au lieu de le corrompre, et voilà pourquoi la couleur se définit : la perfection du corps limpide doué de transparence;

---

[1] Arist., *De Anima*, L. II, c. VII.

[2] Le texte porte الالوب qui serait le nom d'action de la 3ᵉ forme pour لاب. Le même mot est reproduit plus loin, mais cette forme n'est pas usitée dans la langue; peut-être le texte portait primitivement الوان au pluriel.

[3] Arist., *De Coloribus*, c. I.

[4] Arist., *De Sensu et Sensili*, c. II.

et la lumière : l'action reçue par un corps diaphane, par laquelle il se perfectionne et reçoit la couleur [1].

Fin du traité; à Dieu soit rendue toute action de grâces à jamais.

[1] Voir, pour ces définitions et pour les développements qui les précèdent, Arist., *De Sensu et Sensili*, c. III.

LES VERS DITS «SELDJOUK»

ET

LE CHRISTIANISME TURC,

PAR

M. W. D. SMIRNOW.

—◆—

I

C'est sous ce titre de *Seldjouk*, donné par Hammer-Purg-stall, qu'on désigne un fragment en vers, intercalé dans un poème mystique persan, le *Rebab-Namé* du sultan Veled, fils de Djelal-Eddîn Roumi, fondateur de l'ordre des derviches Mevlévi.

 .On ne sait trop pourquoi M. Hammer donna ce titre à ces vers, ni pourquoi les orientalistes l'ont conservé après lui sans objection, car il n'y a point de données dans le poème qui l'autorisent suffisamment.

On va jusqu'à reproduire sans rectification la traduction erronée du vers 35.

Au lieu de lire ce vers comme suit :

صالح ایچون طوغدی طغدن بر دوه

امتی التوردی سودآندن یکه

ce qui signifie :

> Pour Salih une chamelle est née d'une montagne;
> *Son peuple a apporté du lait* chez lui,

on lit :

صالح ایچون طوغدی طغدن دوه

امتی التوردی سودائدن یکه

ce qui est traduit en allemand de la manière suivante :

> Für Salih reisst der Berg, gibt ein Kamel ihm ;
> *Er fuhrt* darauf *vom Sudan* heim die Seinen [1].

c'est-à-dire :

Pour Salih la montagne se fend et lui donne un chameau ; il ramène les siens *du Soudan* à la maison,

ce qui ne répond pas au texte turc, ni à la légende elle-même, et n'a pas beauconp de sens général.

L'auteur, qui écrit en persan, s'excuse d'intercaler dans son poème quelques dizaines de vers *turcs;* il dit bien *turcs*, et non pas *seldjouk*. Cette circonstance semble sinon anéantir, du moins amoindrir singulièrement l'importance de ces vers qui ne peuvent être considérés comme des documents suffisamment sûrs de l'ancienne langue turco-seldjouke, de nature à autoriser des considérations linguistiques et à en déduire les conséquences sur lesquelles des savants linguistes, entre autres M. Radloff, basent tout un système de particularités de la langue mentionnée.

Ces soi-disant particularités dialectales du fragment en question se retrouvent en grand nombre dans plusieurs manuscrits turcs d'origine récente. Nous insistons sur les mots

---

[1] *Jahrbücher der Literatur,* XLVIII, 1829; *Zeitschr. d. D. M. G.,* B. XX, p. 577; *Ibid.,* B. XXIII, p. 201 et suiv. *Noch einmal die Seldshukischen Verse,* von C. Salemann, p. 185 et 200 (*Mélanges asiatiques,* t. X, livraison 2. Saint-Pétersbourg, 1896). H. Salemann traduit :

> (Wie) für Salih aus dem Berge ein Kamel geboren ward,
> (Und) er die Gemeinde *aus dem Súddn nach Hause* führte.

ce qui donne la signification suivante :

> Pour Salih il naquit de la montagne un chameau,
> *Il ramène* la communauté *du Soudan à la maison.*

manuscrits turcs, car il n'y a rien de plus défavorable pour l'étude de la phonétique de n'importe quelle langue, surtout de la phonétique turque, que la transcription *arabe*. Les signes supplémentaires au-dessus et au-dessous des mots ne nous aident guère : pour les consonnes, il y a une surabondance de signes; pour les voyelles, un manque absolu ou une tautologie déplorable.

Il est vrai que dans le manuscrit de Vienne du poème persan les voyelles sont indiquées, mais nous ne pouvons guère en profiter, car il est évident à première vue qu'elles ont été ajoutées plus tard, aux premières et aux dernières lignes des pages du manuscrit : on y reconnaît des traces de nettoyage. L'encre employée par les copistes orientaux s'efface facilement, et comme le manuscrit de Vienne de *Rebab–Namé* avait été endommagé par l'humidité, un de ses premiers possesseurs orientaux l'aura restitué en tâchant de rétablir le texte et en y ajoutant des signes supplémentaires; puis il s'est lassé de cétte tâche et l'a laissée inachevée.

Dans tous les cas, ces vers n'offrent pas des traits anciens qui ne le cèdent en archaïsme aux autres œuvres bien connues, comme, par exemple, le divan d'Achiq-Pacha, celui de Bourkân-Eddîn Sivaçi, celui d'Ahmedi, ou enfin la partie de l'*Histoire des Seldjoukides* publiée par Houtsma.

Nous croyons donc que toutes les considérations linguistiques fondées sur le fragment en vers turcs, intercalé dans le poème du *Rebab–Namé*, restent douteuses et, par conséquent, elles nous paraissent superflues.

II

Pourtant cette poésie a une autre et très grande importance à un autre point de vue. On doit se demander pourquoi l'auteur persan d'un poème *persan* a tenu à y insérer non seulement des vers turcs, mais aussi des vers grecs? Est-ce un simple hasard ou une plaisanterie? Nous ne croyons pas que cela soit ni l'un ni l'autre, ce que ne pourrait comporter ni le contenu du poème ni son caractère sérieux. L'auteur s'excuse de parler turc, néanmoins il le fait, et on en cherche la raison. On se demande aussi pourquoi il a fait des vers grecs, quoique en plus petit nombre que les vers turcs. Nous trouverons la réponse à ces questions en examinant le poème en son entier, et plus particulièrement les passages écrits en langues étrangères. Le *Rebab-Namé*, l'œuvre du sultan Véléd, est de même genre que le *Mesnevi* de son père Djelal-Eddîn Roumi, et le *Divan* d'Achiq-Pacha. C'est le catéchisme d'une religion qui offre des similitudes avec l'Islam, mais qui pourtant s'en distingue. Sans décider d'avance ce que pouvait être cette religion, voyons un peu ce que contiennent les vers dits *seldjouk*.

N'ayant pas la possibilité d'entrer ici dans de longues digressions ni dans des confrontations de textes détaillées, exposons d'un seul coup notre opinion : ces vers turcs, de même que les vers grecs, présentent sinon un développement, du moins une paraphrase, une illustration de la même idée fondamentale qui se retrouve dans les neuf premiers versets du chapitre 1er de l'Évangile de saint Jean, idée qui a été adoptée dans le *Credo* du concile de Nicée, principalement dans ce passage du deuxième article de foi : « Lumière de lumière ». C'est la base de la doctrine de la *lumière* et de la *grâce*.

Sans vouloir identifier deux religions différentes telles que le *vrai christianisme* et le *dervichisme*, nous croyons néanmoins à une certaine affinité entre elles, et nous supposons que cette affinité s'est produite non par des rapports directs, mais par des voies intermédiaires.

Or, sans insister ici sur les détails de l'opinion que nous

nous sommes faite à ce sujet, disons qu'il nous semble que cet intermédiaire entre la vraie doctrine chrétienne de l'apôtre saint Jean et les développements des *derviches musulmans* sur l'émanation panthéistique, aurait bien pu être quelque doctrine hérétique du christianisme, remontant au *gnosticisme* des premiers siècles de notre ère.

Or c'est l'hérésie de Manès qui nous semble se rapprocher le plus de ce rôle d'intermédiaire. On sait que le *manichéisme* s'était rapidement propagé en Égypte, en Mésopotamie et dans l'Asie Mineure, d'où il disparut brusquement, mais non sans continuer toutefois son existence latente sous de nouvelles formes. Nous croyons que cet aspect nouveau que revêtit le manichéisme n'est autre que le dervichisme turc d'Asie Mineure, et, dans les temps plus modernes, précisément le mevlévisme des derviches du statut de Djelal-Eddîn Roumi.

Si l'on approfondit un peu le système de la doctrine manichéenne et si on le confronte avec le panthéisme mystique de la doctrine mevlévienne, on ne peut pas ne pas reconnaître un fonds commun à ces deux systèmes. Les considérations théoriques nous entraîneraient un peu loin, aussi je ne voudrais pour le moment arrêter votre attention que sur quelques données historiques servant d'appui à mon opinion, bien qu'indirectement.

Plus nous remontons le cours des siècles, moins nous trouvons de distinctions précises et claires entre les différentes doctrines religieuses chez les chrétiens orthodoxes, de même que chez les hérétiques et les sectaires. Rappelons ce fait que Constantinople a de tout temps servi d'arène à des controverses et à de vives discussions religieuses jusqu'à la séparation des deux Églises.

La lutte des iconoclastes nous semble marquer l'époque décisive de la séparation définitive du christianisme orthodoxe et

du manichéisme hérétique qui, plus tard, imbu de nouveaux
éléments, devint en Europe la secte des *Bogoumils*, et en Asie
le *dervichisme*, surtout le dervichisme des Mevlévis.

En effet, envisageons quelques menus faits de l'histoire qui
ne sont pas sans importance et dont plusieurs attendent encore
une interprétation satisfaisante. Nous avons d'abord la mention
que les évêques qui se considéraient comme orthodoxes ne se
distinguaient de leurs collègues voués à l'hérésie de Manès
que par le choix de leurs aliments — poisson ou légumes.

Vers l'époque à laquelle se rapporte le document que nous
venons de citer, le grand prince de Russie Vladimir, d'après les
annalistes *chrétiens* russes, examinait différentes religions afin
d'en choisir une pour son peuple. Est-ce qu'il ne s'arrête pas
lui aussi à des indices purement extérieurs pour faire son choix?
Et comment envisage-t-il l'Islam? Est-ce qu'il juge cette religion
d'après les mêmes formes caractéristiques qui nous servent à
l'apprécier maintenant? En aucune façon : Vladimir rejette
l'Islam parce que cette religion défend de manger de la viande
de porc, de boire du vin, et peut-être encore à cause de la
circoncision. Le reste lui semblait d'importance secondaire. De
même, le christianisme ayant été défini par les paroles : « Notre
religion est la *lumière* », il n'est plus question que des *jeûnes*.
Pourtant la religion grecque était la seule exposée un peu lon-
guement, avec certaines nuances de dogmes, qui ne semblaient
guère à la portée de celui qui faisait le choix d'une religion,
mais dont l'interprétation revenait plutôt aux lettrés d'une
époque plus récente, comme l'annaliste russe Nestor. Le reste
de l'humanité vivait dans une *double foi*.

En 1050, l'empereur de Byzance Constantin Monomaque
ordonna, en témoignage de reconnaissance pour un service
qui lui avait été rendu par Toghroul-Bey Seldjouḳ, de rebâtir
la mosquée à Constantinople et de mentionner dans les prières

le nom de Toghroul-Bey; il fit décorer la mosquée de lampes (selon l'usage grec), appela des prédicateurs musulmans et leur assigna des appointements [1].

L'incertitude des notions sur l'Islam que nous constatons dans nos anciennes annales se retrouve dans des textes plus récents. Ainsi, dans le récit de la bataille de Koulikovo, l'auteur anonyme russe s'exprime ainsi sur le chef d'armée tartare, musulman Mamaï-Mourza : «Tu es de provenance grecque, idolâtre par ta religion, méchant iconoclaste.» Nous croyons que ce ne sont pas seulement des termes injurieux réunis un peu au hasard, mais aussi une preuve des idées confuses qu'on se faisait de la religion musulmane.

Enfin nous citerons le passage suivant du chevalier bourguignon Bertrandon de la Brocquière, qui visita Constantinople et la Terre Sainte en 1432-1433. Voici ce qu'il relate dans son voyage :

Comme sans cesse j'entendais parler de Mahomet, je voulus en savoir quelque chose, et m'adressai pour cela à un prêtre attaché au consulat vénitien de Damas, qui disoit souvent la messe à l'hôtel, confessoit les marchands de cette nation et, en cas de danger, regloit les affaires. Je me confessai à lui, reglai les miennes, et lui demandai s'il connoissoit l'histoire de Mahomet. Il repondit affirmativement et declara savoir tout l'*Alkoran*. Alors je le suppliai, le mieux qu'il me fut possible, de rediger par écrit ce qu'il en connoissoit, afin que je pusse le presenter à monseigneur le duc [2].

C'était la veille de la prise de Constantinople par les Turcs, c'est-à-dire par ces *Sarrasins* mêmes avec lesquels il y eut tant de conflits relatifs aux articles de foi, durant les croisades.

---

[1] Baron V. Rosen, *Vasiliy Bolgaroboïtza*, p. 206.

[2] *Mémoires de l'Institut national des sciences et arts. Sciences morales et politiques*, Paris, an XII, t. V, p. 502-503.

III

Ce manque de clarté dans la compréhension de sa propre religion ou pour mieux dire cette *double foi* existait même parmi les partisans de l'Islam. Ainsi, bien que les Turcs soient considérés comme musulmans d'ancienne date, voici les notions que nous avons sur leur ancienne « orthodoxie ».

Parmi les princes seldjoukides il s'en trouve quelques-uns portant des noms chrétiens, comme par exemple Mikhaïl-Bey, Israïl-Bey [1]. A Cousaïr, village dans le désert égyptien, il y avait un monastère, fondé par l'empereur Arcade, fils de Théodose, en souvenir de son maître saint Arsène. Les églises, au nombre de huit, étaient ornées de plusieurs admirables peintures et tableaux, principalement l'église des Apôtres. Et nous apprenons, par un historien Abou Salih, que Khamarawaïh, fils d'Ahmed ibn Touloun, le second souverain de la dynastie turque des Toulounides, qui ont régné en Égypte et en Syrie (A. D. 884-895), avait l'habitude d'y venir, de s'arrêter devant ces peintures et d'admirer la beauté de leur exécution, s'arrêtant surtout devant une magnifique image de la Vierge. Il fit même construire dans ce monastère une *manzarah* (une loge), afin d'y contempler à son aise les peintures qui excitaient son admiration [2].

Parmi les dynasties *seldjoukides* qui régnèrent en Asie Mineure se trouve celle des *Danyshmends*, nom qui signifie « les savants » par excellence. Nous avons de très curieuses monnaies *bilingues* des princes de cette dynastie, en caractères arabes et grecs [3].

---

[1] Voir *Tarikhi Müneddjim-bashi*, et d'autres annales turques.

[2] *The churches and monasteries of Egypt*, transl. from the orig. arabic, by B. T. A. Evetts. Oxford, 1895, S 145-150.

[3] *Zeitschr. d. D. M. G.*, B. XXX, p. 486.

Le droit de battre monnaie est d'importance capitale chez les souverains orientaux, et il est douteux qu'un prince fervent musulman eût compromis son honneur de vrai croyant en autorisant qu'on inscrivît son nom sur des monnaies avec des lettres d'une langue étrangère, et surtout de la langue grecque appartenant à une religion ennemie.

M. Mordtmann, qui le premier a publié ces monnaies remarquables, explique leur origine en disant que le prince Zounnoun vint chercher un refuge chez l'empereur Manuel Comnène (A. D. 1174), après la mort de l'atabek Noureddîn, et que ce fut la raison pour laquelle une légende grecque à côté de l'arabe existe sur les monnaies de ce prince malheureux. D'après notre opinion, au contraire, le prince turc Zounnoun trouva un refuge auprès de l'empereur Manuel Comnène parce que lui-même était favorable au christianisme, ce qui est prouvé, pour nous, par la présence même de cette légende grecque.

Ce n'est pas en vain non plus que la propagande du fanatisme musulman, d'origine arabe, fait de Seyid-Battal Ghazi un descendant des Danyshmends : cette descendance doit évidemment contribuer à rendre plus sympathique le champion légendaire de l'Islam et inspirer plus de confiance en la justice de sa cause. Son héroïsme consiste principalement à pénétrer chez des ennemis, travesti en moine chrétien.

Nous rapporterons encore un fait important, mentionné par le chevalier Bertrandon de la Brocquière, déjà cité. Un des princes de Karaman, très puissant à cette époque, Murad-Bey, fut *baptisé* selon la religion grecque, ainsi que son fils; il possédait plusieurs femmes chrétiennes, et tous ses conseillers étaient baptisés. Voici ce que nous lisons dans le voyage de Bertrandon : « Lui (Murad-Bey) et son fils ont été baptisés à la grecque pour ôter le flair (la mauvaise odeur), et l'on m'a dit même

que la mère de son fils étoit chretienne. Il en est ainsi de tous
les grands, ils se font baptiser afin qu'ils ne répandent point
de mauvaise odeur [1]. »

Il 'n'est guère possible d'attribuer à une coïncidence fortuite
la conversion de Murad-Bey et ce fait que la capitale de ce
prince tout-puissant et indépendant était la ville de Konia,
centre du dervichisme mevlévien, où se trouve le tombeau du
chef de cette secte spiritualiste et contemplative, Mevlana Djelal-
Eddîn Roumi.

Nous avons encore le témoignage, analogue et plus ancien
(A. D. 1389), d'un pèlerin russe, le diacre Ignace, qui raconte
que le sultan Murad Ier, de la dynastie d'Osman, était de famille
chrétienne, et que le premier sultan qui embrassa la religion
musulmane fut Orkhan, fils d'Osman I [2].

On ne peut guère croire à une erreur de la part du narrateur
ni encore moins soupçonner de mensonge la nouvelle rapportée
par cet ecclésiastique, narrateur des plus consciencieux et des
mieux informés dans ses relations de voyage.

Dans le *Lataïf-Namé*, œuvre du célèbre poète turc Lamii,
rédigé par son fils, nous trouvons un récit assez significatif
relatif au pacha Sarydja. Ce fameux chef d'armée de Murad Ier
(1359-1389) ordonna à son intendant de choisir un endroit
en Hongrie pour y fonder un monastère chrétien, une belle
église. Voici en quels termes il motivait ce louable projet :

Des hommes lettrés et savants prétendent que la religion de Mohammed
est la vraie religion et que celle de Jésus est fausse, et que ses adeptes
sont des *kiafir* et des ignorants; d'autres non moins doctes en science
affirment que c'est la religion de Jésus qui est la vraie et la plus ancienne
et que celle de Mohammed n'est qu'un culte plus récent. Aussi nous nous
adressons aux deux prophètes (Jésus et Mohammed); et, selon que l'une

[1] *Op. cit.*, p. 539.
[2] Ssakharov, *Skazaniia Rousskago Noroda*, t. II, part. VIII, p. 99 a.

ou l'autre de ces deux croyances sera justifiée au jour du Jugement dernier, nos bonnes actions seront comptées d'après l'islam ou le christianisme [1].

Il serait difficile de citer un témoignage plus formel de la dualité de croyance.

Vers la même époque vivait un autre sultan Mohammed Ier, qui reçut le titre de *Tchélébi;* les historiens grecs en parlent en termes très favorables, faisant surtout l'éloge de sa bienveillance envers les chrétiens. Ce titre *Tchélébi,* selon les recherches du baron V. R. Rosen, signifie un homme d'*origine chrétienne* [2].

Pourtant son règne coïncide avec l'époque des dévastations de Tamerlan dans l'Asie Mineure et de la révolte des derviches sous les ordres du savant cheïkh Bedreddîn Simavna-Oghlou.

A quelle religion appartenait Tamerlan? On le dit musulman. Mais on sait quels ravages il exerça dans les États du sultan Baïazid Ier, son adversaire politique. A Bagdad, le tombeau d'Abbou-Hanifah, chef et soutien de la majeure partie des Sounnites, fut complètement bouleversé par les troupes de Timour : les ossements du saint musulman furent enlevés et brûlés, sa fosse comblée d'excréments, les mosquées turques transformées en écuries. En somme, tout ce qui se rapporte au culte musulman fut à tel point profané, que les musulmans de l'Asie Mineure oublièrent jusqu'au jour sacré du vendredi.

Quant à Timour, Clavikho nous en parle comme d'un viveur, organisant chaque jour des festins où le vin ruisselait. Ce même Clavikho mentionne une particularité très caractéristique du décor intérieur dans la tente de la première femme de Tamerlan : il parle de deux petites portes surmontées des images des apôtres Pierre et Paul, que Tamerlan

---

[1] Ms. de Paris, A. F. T. 228, fol. 66 v°-67 r°.

[2] *Zapiski Vostotchnago Otdéléniya Rousskago. Imper. Archéol. Obtchestva,* t. V, p. 306.

aurait apportées de Brousse, entre autre butin, au cours de sa campagne en Asie Mineure.

Ce conquérant barbare, s'il eût professé l'islamisme, aurait-il pu estimer ces objets du culte chrétien qui sont en plein désaccord avec les dogmes de la religion musulmane? Leur aurait-il reconnu, ce sauvage des steppes de l'Asie centrale, une valeur purement esthétique? Ce ne semble guère probable.

Que Tamerlan ne fût pas un vrai musulman, mais qu'il appartînt plutôt à quelque secte hérétique comme celle des théosophes du dervichisme soufique, cette hypothèse nous semble appuyée encore par ce fait que le cheïkh Bedreddîn Simavna-Oghlou, ci-dessus mentionné, avant d'avoir provoqué des émeutes religieuses dans les domaines des Osmanlis, jouissait des faveurs et de l'hospitalité de Tamerlan : c'est en présence de ce prince qu'eurent lieu les savantes discussions religieuses auxquelles Bedreddîn prit une part des plus actives. Tout cela se passait à Samarkande, où pendant un certain temps florissait le christianisme nestorien, comme en témoignent encore les pierres tombales nouvellement découvertes aux environs de Verny et de Pichepek.

La révolte provoquée par les sermons de cheïkh Bedreddîn éclata au nom de l'union et de la fraternité des musulmans et des chrétiens[1]. Mais les partisans de l'Islam, dans sa forme arabe pure, eurent l'avantage, et Bedreddîn ainsi que les adeptes fervents de sa doctrine succombèrent en martyrs.

Le même sort fut réservé à un prédicateur musulman de Brousse, qui proclamait l'égalité de Jésus avec Mohammed, en mettant même le premier au-dessus du second. Il fut condamné à mort par les savants musulmans d'Égypte, sur la demande d'un seul musulman, un fanatique originaire de Brousse.

---

[1] Hammer, *Gesch. d. O. R.*, I, p. 376-377.

Mais cette condamnation n'eut pas lieu à cause de la sym-
pathie que les habitants musulmans de Brousse professaient
pour le prédicateur; plus tard, il fut égorgé par le fanatique
mentionné près de la mosquée où il prononçait ses discours
hérétiques, parce que, malgré la sentence du haut tribunal
mahométan qui l'avait condamné, il vivait en repos.

Nous avons également plusieurs autres témoignages des
bonnes dispositions des anciens musulmans envers les chrétiens.
Nous ne croyons donc pas qu'on puisse attribuer à une simple
curiosité de la part du sultan Mohammed II l'ordre qu'il donna
à un cadi de traduire en turc la profession de foi chrétienne
que le patriarche Gennadius Scholarius avait exposée de vive
voix et par écrit.

Au temps de la domination tatare en Russie, les khans musulmans se sont fait remarquer par de nombreux actes de dé-
férence envers le clergé russe. Quelques historiens veulent in-
terpréter ces marques de bienveillance comme des manœuvres
d'une diplomatie astucieuse de la part des Tatars. Mais il nous
semble plus simple de n'y reconnaître que les traces de la
double croyance professée par ce peuple. Ce fait nous paraît
confirmé par l'anecdote bien connue du khan Djanybek, invi-
tant le métropolitain Alexis à faire des prières pour le rétablissement de sa femme Taïdoula, gravement malade. Les annales
russes donnent à ce khan le surnom de «débonnaire». Il y a
là, ce nous semble, une manifestation significative.

Je citerai encore à l'appui de cette opinion un fait tout récent. Il y a deux ans, avait lieu à Nazareth un pèlerinage religieux d'une foule de musulmans indigènes de tous sexes, foule
d'environ 150 personnes. Cette foule s'était rendue dans une
église chrétienne pour contempler une image miraculeuse : un
enfant musulman très dangereusement malade avait été guéri
par cette image de la Vierge, grâce aussi aux prières de sa

mère musulmane. Le missionnaire chrétien, à qui la foule s'était adressée pour demander l'autorisation d'entrer dans l'Église, plaça l'Évangile sur la tête de l'enfant et lut le premier chapitre de l'Évangile de saint Jean, que l'auditoire écouta avec recueillement. Comment expliquer le choix de ce morceau si bien accueilli? — Simplement parce que le chapitre en question ne pouvait en aucune façon choquer les croyances des musulmans, car il ne contient presque rien qui ne soit d'accord avec les dogmes fondamentaux de l'Islam.

Ceci nous ramène au début de notre étude, c'est-à-dire aux *vers seldjouk* du *Rebab-Namé*. Nous sommes entièrement convaincu que ces soi-disant vers intercalés dans le poème, de même que les vers *grecs* qui s'y trouvent, n'ont d'autre raison d'être que l'imitation du procédé de propagande religieuse *en différentes langues* employé par les Apôtres, qui commencèrent tous à parler les « langues étrangères », conformément au commandement de Jésus : « Allez et enseignez tous les peuples » (évidemment en s'adressant à chacun d'eux dans la langue indigène).

On est donc bien tenté de signaler ces analogies, quand on lit les vers turcs et grecs dans le poème du *Rebab-Namé*. Il semble que ce n'est pas en vain que l'évangéliste saint Jean avait été reconnu comme l'apôtre par excellence de l'Asie, c'est-à-dire surtout de l'Asie Mineure. Ce fait historique fut transformé plus tard en la légende bien connue du royaume chrétien des Indes où réside le *prêtre Jean*, et il se reflète dans le nom énigmatique d'Argon, donné par les Mongols aux chrétiens de la secte de Nestor [1].

Enfin mentionnons encore le nom tout aussi énigmatique d'*akhound* que les musulmans de l'Asie Centrale et de la Perse

[1] *Revue de l'Orient*, 1862, p. 307-310.

donnent à leurs prêtres : nous y voyons comme une dernière
lueur du christianisme nestorien, étouffé plus tard par l'Islam.
Le nom d'*ákhòund* ou d'*akhoun* (آخوند, آخون) semble n'être
qu'une contrefaçon du mot grec Ἄρχων = «pater innatus».
Quant à ce mot, qui fut d'un usage constant, il servit, en même
temps que le fameux Λόγος, pour ainsi dire de base à tout le
système théosophique du gnosticisme chrétien [1]. Ce système,
après avoir passé par le manichéisme, s'est perpétué jusqu'à
nos jours, où il se montre sous l'aspect nouveau du dervichisme. Quant aux rapports de ce dernier avec l'Islam, ils ne
vont pas au delà de quelques traits tout à fait extérieurs et de
peu d'importance.

[1] *Annales du Musée Guimet : Essai sur le gnosticisme égyptien*, par Amélineau,
t. XIV, p. 105 et suiv.

ZOOLOGIE DER BIBEL

NACH DER ARABISCHEN INTERPRETATION

DES RABBI SAADIA HAGAON

UND ANDERER INTERPRETEN

VON

RAB. DR J. SCHWARZSTEIN[1].

———❦———

אָבִיר, plur. אַבִּירִים, 1. *Taurus*, « Stier ». Ps. L, 13, כְּשַׂר אַבִּירִים, ثِيرَانْ, لَحْمُ الثِّيرَانِ « das Fleisch der Stiere »; *ibid.*, xxii, 13. אַבִּירֵי בָשָׁן, سِمَانْ .

2. *Equus* « Pferd » מִצְהֲלוֹת אַבִּירָיו, Jerem., viii, 16; صَهِيلِ فُرُوسِيَّةِ *hinnitus equitatus* « Wiehern der Pferde ».

3. Starke Menschen. סִלָּה כָל אַבִּירָי, Threni, i, 15, اَلرَّبُّ نَزَعَ جَمِيعَ أَقْوِنِيَآءِى « der Herr tritt alle meine Starken nieder ».

אַיָּה, Lev., xi, 14; Ijob, xxviii, 7 : كِجْدَأَةْ, *Milvus regalis*, « Königsmilan ». Dieser Vogel hat einen ziemlich schwachen Schnabel, gerade Firste am Grunde, sehr lange Flügel, an welchen die dritte und vierte Schwinge die längsten sind; Schweif sehr lang und breit; Lauf sehr kurz, am Grunde leicht befiedert; Krallen lang und gekrümmt. Ebenso in der syrischen Interpretation : ܥܝܢܐ ܕܚܘ, *oculus milvi*. Targum Rabbi Jonath. b. Usiel und Onkelos טְרָפִיתָא desgl. *Septuaginta* Ἰκτινός, Vulgata *vultur*. Geier.

אַיָּל. Com. Deuteron., xiv, 5 : اَلْأَيِّلْ, אילא, اِلّا, Ἔλαφος, Cer-

---

[1] Wegen Abschlusses der *Section sémitique* eingereiht unter die Abhandlungen der *Section musulmane*.

vus, Edelhirsch im Besondern. Der אַיִל wird als Muster der Behendigkeit gebraucht. « Er macht gleich den אַיָּלוֹת meine Füsse », Ps. xviii, 34; ebenso Jes., xix, 6 : « Dann wird hüpfen der Lahme wie ein אַיָּל. » — Ferner als Bild der Anmuth : « Die heilige Lehre ist wie die אַיֶּלֶת lieblich » Spr. Salom., v, 19.

אֲנָפָה, Lev. xi, 19, und Deuter. xiv, 18, الْبَبَّغَا, *Psittacus* « der Papagei ». — Targum אָבּוּ; Sept. Χαραδριός; Vulgata *Charadrius* « der Regenpfeifer ». Dieser Vogel gehört zu den Stelzvögeln; er hat einen scharfspitzigen Schnabel, langeritzte Nasenlöcher, schlanke, dünne Beine mit drei Zehen, schmale spitzige Flügel, kurzen, runden Schwanz und weiches, braungelbliches Gefieder. Er nistet im Norden in Sümpfen und Mooren; seine Nahrung besteht in Insekten und Würmern. Bei heranziehendem Regen lässt er gewöhnlich einen lauten Pfeifton hören, weshalb er Regenpfeifer genannt wird.

אֲנָקָה, Lev. xi, 30. الْوَرَل, *Salamander*. Gesenius bezeichnet אנקה الْوَرَل. Diese ist der lib. Eidechse ähnlich, aber grösser, hat einen langen Schwanz, kleinen Kopf und schnellen Lauf. Brehm u. a. nennen ein ihnen in der Nähe des Nils gefundenen Eidechsen *Crocodilus niloticus*. Septuaginta, Vulgata und andere Interpreten übersetzen אנקה Μυγαλῆ, *Mygale,* « Spitzmaus ».

אֶפְעֶה. Ijob, xx, 16, لِسَانُ الْاَفْعَا لَشׁוֹן אָפְעָה; Jes. xxx, 6, אֶפְעֶה الْاَفَاعِي. Septuaginta. Ὄφεως. Vulg. *Vipera* ».

אַקּוֹ, Deuteron., xiv, 5. الْوَعَلُ Targ. יַעֲלָא, « Steinbock », كُلّا Sept. Τραγέλαφος, *Tragelaphus scriptus,* « Streifenantilope ».

אַרְבֶּה, الْجَرَاد, Targum נוֹבָא, مَخّار, Locusta « die Wanderheuschrecke ». Septuaginta Βροῦχος. Vulgata *Bruchus.*

1. *Locusta viridissima,* « Heupferd ». Diese Heuschrecke ist grasgrün, hat lange, gleichbreite, den Hinterleib um das

doppelte an Länge überragende Flügeldecken, deren Hinterfeld
gebräunt ist; Scheitel und Thorax mit rostrother Längstbinde.
(Gerstaecker, S. 53.)

2. *Bruchus.* Zu dieser Gattung werden 3oo Arten gezählt
u. a. *Bruchus Pisi* « der Erbsenkäfer ». Diese Angaben sind in
mos. wit. Hinsicht nicht massgebend. S. Jore Deah Abschn. 85.

אַרְנֶבֶת, اَلْاَرْنَبَة, Targum ארנבא, اَنْحَل, *Lepus*, « der Hase ».
Septuaginta Χοιρογρύλλος « Stachelschwein ».

אָתוֹן, اَلْاَتَان. Targum אתנא, اَلْاَتَان, Ὄνος, *Asina*, « Eselin ».

בְּהֵמוֹת, Ijob, xl., 10, بَهَمُوت, ܒܗܡܘܬ, Targum לויתן, بَهَمُوت,
« ein junges Kammeel ». (*Freyt. Lexic.*, S. 48.)

בַּרְבּוּרִים אֲבוּסִים, I Kön., v, 3. Targum עוֹפוֹת מְפוּטָמִים; Septuaginta Ὀρνίθων ἐκλεκτῶν σιτευτά « gemästetes Geflügel ». Raschi
erklärt: יש מרבותינו אומר תרנגולים מפוטמים. « Von unseren Lehrern
sagen manche, es wären gemästete Hübner gewesen »; רד״ק
erklärt עוף המסורס « castrirtes Geflügel ». מדרש רבה zu Lev.:
R. Berachja erklärt im Namen des Rabbi Jehuda, ברבורים ist
die Geflügelgattung der Barbarja. Die Rabbiner sagten, es
wäre einer der bekannten reinen Vögel, welcher sehr vorzü-
glich schmeckt; er wurde aus dem Barbarenlande gebracht.

بُرْبُور ist auch ein aus Gerstenmehl bereitetes Gericht. (Siehe
Freyt. Lexic., S. 28.)

גוֹזָל, فَرَاخ; בר יונה, ܒܪ ܝܘܢܐ « eine junge Taube »; im allgemeinen
versteht man unter גוֹזָל einen jungen Vogel, wie Deuter., xxxii,
11, כנשר יעיר קנו על גוזליו ירחף.

גָזָם, Joel, i, 4. الدُّود, זחלא, ܙܚܠܐ, Κάμπη, *Eruca* « Raupe ».

גָּמָל, الجَمَل, נמלא, ܓܡܠ, Κάμηλος « Kameel ».

רָאָה, Lev., xi, 14, اَلْحِدَاءَة . ديتא, ܪܐܵܐ؟. *Milvus* « die Weihe die Weihen », gehören zu dem Falkengeschlecht; sie sind von mittler Grösse, haben schlanke Beine, lange spitzige Flügel und zu einer Art Schleier umgebildeten Befiederung des Gesichtes. Sie leben auf freiem Felde, auf Wiesen und in Sumpfgegenden von Insekten und Wirbelthieren, horsten auf oder nahe dem Boden und legen vier bis fünf Eier.

דְּבוֹרָה, اَلنَّحْلَة; דַּבְרִיתָא, ܕܲܒܘܿܪܬܐ, Μέλις, *Apes* « Biene ».

דָּנָה, اَلسَّمَك; נוני, ܢܘܿܢܐ, Ἰχθύες, *Pisces* « Fische ».

דּוֹב, اَلدُّبّ; דובא, ܕܘܿܒܐ, Ἄρκτος, *Ursus* « die Bär ».

דוּכִיפַת, اَلْهُدْهُد; נגר טורא, ܢܲܓܪ ܛܘܿܪܐ, Ἔποπα, *Upupa* « der Wiedehopf ».

דָּיָה, Deuter., xiv, 13, اَلْحِدَاءَ, gleich ראה nach Talmud Chulin, fol. 63 *b*, ראה ודיה אחת היא. — ראה ist identisch mit דיה.

דִּישׁוֹן, Deut., xiv, 5, اَلْأَرْوَى, *Capras rupiculas*; רֵימָא. ܪܹܝܡܐ. Πύγαργος, *Pygargus* « Weissteiss ».

דְּרוֹר, Ps. lxxxiv, 4, اَلْيَمَام, *Columba silvestris* « Waldtaube »; שַׁפְנִינָא, ܫܲܦܢܝܢܐ, Τρυγών, *Turtur* « Turteltaube ».

זְאֵב, اَلذِّئْب; דִּיבָא, ܕܝܼܒܐ, Λύκος, *Lupus* « Wolf ».

זְבוּב, Jes., vii, 18, اَلذُّبَاب; דְּבוּבְיָא, ܕܡܚܸܠ, Μυῖα, *Musca*, Fliege.

זִין, Ps. lxxx, 14, حِمَارُ الْوَحْشِ, der Wald- oder wilde Esel. Targum תרנגול ברא, Syr. ܕܚܵܐ, سَتَفُلَا, Septuaginta, Ὄνος ἄγριος, Vulg. *Ferus depastus*. Nach Midrasch Rabbah zu Lev. wäre זין ein monstruöser Vogel, der mit seinen Flügeln das Sonnenlicht verdunkelt; cf. Tract. Baba Bathra, fol. 736.

זָמֶר, Deut., xiv, 5, اَلزَّرَافَة; רימָא, דימָא, Καμηλοπάρδαλις, *Camelpardus* «Kameelparder». Dieses wiederkäuende Thier wird zu den Giraffen gezählt; fossile Thiere aus der Tertiärzeit werden als Verwandte der Giraffe und des Kameels angesehen, u. a. das *Sivatherium* war an Gestalt einem Rinde ähnlicher als einer Giraffe.

זַרְזִיר. Spr. Sal., xxx, 31 Sept. ἀλεκτωρ. Targum אַבָּבָא, ebenso andere alte Interpreten übersetzen «Hahn»; nach Thalmud Baba Kama, fol. 92 *b*, Chulin. 65 *a*, gehört זרזיר zum Rabengeschlecht; manche übersetzen *Vertagus* «Jagdhund».

חֲזִיר, חַזִיר; الْخِنْزِير; חֲזִירָא, Schwein.

חָנָב; חַנָבָא, الْجُنْدَب; Ἀκρίς, *Locusta*. Hierzu gehören die Laubheuschrecke und das Heupferdchen. S. Anmerk. bei אַרְבֶּה.

חלֶד, الْخُلْد, Lev., xi, 29 «der Maulwurf». Targ. חולדא, ܚܽܘܠܕܳܐ, Γαλή, *Mustela* «das Wiesel».

חֲמוֹר, חֲמָר; חִמָר; حِمَار, سَكَد, Ὄνοι, *Asinus* «Esel».

חֹמֶט, ib., 11, الْحِرْبَاء (*Freyt. Lexic.*), *Chamaeleon*, חוטטא, ܣܰܡܳܩܳܐ, Σαῦρα, *Lacerta*.

חסידה, الصَّقْر (*Freyt. Lexic.*), ein fleischfressender Vogel. Targum חַוָרִיתָא, Septuag. Ἐρωδιός. Vulgata *Herodias* «Reiher». Man unterscheidet *a Herodias alba*, der kleine Silberreiher, *b Herodias garzetta*, der kleine Silberreiher. Viele übersetzen חסידה «Storch». *Tract. Chulin*, fol. 63, חסידה ist דיה לבנה, womit Herod. alba gemeint sein kann.

חָסִיל, الْقَمْل «Ungeziefer, Läuse». Targ. זחלא, Syr. ܩܰܡܨܳܐ «Heuschrecke», Sept. Ἐρυσίβη, Vulg. *Ærugo* «Mehlthau oder Schimmel».

חֲפַר פֵּירוֹת, Jes., ‖, 20. Vulg. *Talpa* « Maulwurf ».

סֵלָה ,אִמְּרָא ;لِلْخِرَاف ܐܶܡܪ̈ܐ, Ἄρνε, *Agnus* « Lamm ».

יוֹנָה « Taube ».

יַחְמוּר, Deuter., xiv, 5, الْيَحْمُور ;יחמורא ܝܰܚܡܘܪܐ, Βούβαλος, *Bubalus* « der Büffel ».

יֵמִים, Gen., xxxvi, 24, الْبِغَال, *Mulos*. Siebe Tract. Pessachim, fol. 54 *a* : *Ana*, selbst ein Bastard, züchtete Maulthiere. Targum נִיבוֹרַיָּא, *Gigantes*. Syr. ܡܰܝܐ, « Wasser ».

יַנְשׁוּף, الْبِشِق, *Nisus*, « Sperber ». Targ. קְפוֹפָא, Septuag. Ἴβις. Vulg. *Ibis*. Der Ibis ist eine Gattung storchartiger Stelzvögel mit langem, nach unten gebogenem Schnabel und nacktem Kopfe. Unter den verschiedenen, schöngefärbten Ibisarten ist der *Ibis religiosa* am bekanntesten; er ist etwa 40 Centimeter hoch, hat weisses Gefieder; jedoch die Flügelspitzen, sowie der Schnabel, Kopf, Hals und Füsse sind schwarz. Er wurde von den alten Ægyptern heilig gehalten und nach dem Tode einbalsamiert. Deshalb wird in der ägyptischen Hieroglyphenschrift der Thoth, Gott der Weisheit und Wissenschaften, mit dem Ibiskopfe dargestellt.

יָעֵל, Ps. civ, 18, الْوَعِل, Targ. יעלא, Sept. Ἔλαφος, Vulg. *Cervus* « der Hirsch ». In der Mischnah ist יעל « der Steinbock ».

בַּת הַיַעֲנָה, النَّعَام. Targ. בַּת נַעֲמִיתָא, Syr. ܢܰܥܡܐ, Sept. Στρουθός, Vulg. *Struthio*, « der Straussvogel ».

כֶּבֶשׂ oder כֶּשֶׂב, « Schaf ».

כוֹס, الْبُوم. Targ. קַדְיָא, Syr. ܩܰܕܝܐ, Vulg. *Bubo* « die Eule », Sept. Νυκτικόραξ, « der Nachtrabe ».

כֹּחַ, الْحِرْدَوْنُ, *Chamaeleon.* Targ. כּוּחָא, « Krokodil ». Sept. Χαμαι-λέων, Vulg.

כֶּלֶב, Hund.

כָּנִּים ,כָּמֹּל; קַלְמְתָא, ܩܲܠܡܵܐ « Läuse ». Sept. Σκνῖπες, Vulg. *Scini-phes*, « stechende Fliegen oder Mücken ».

כִּרְכָּרוֹת, Jes., lxvi, übersetzen manche Interpreten mit « Ka-meele ». S. רֶכֶשׁ.

לָבִיא ,לְבֹוְ. Targ. לִיתָא, Löwin, ܠܹܒ̈ܘܵܐ Sept. Σκύμνος «junger Löwe.

לִוְיָתָן, التِّنِّينُ. Targ. לויתן, Syr. ܬܲܢܝܼܢܵܐ, Vulg. u. Sept. Δράκων, *Draco.*

לְטָאָה, الْعَظَاءَةُ. Targ. חַלְמְתָא, die Eidechse, Sept. Ἀσκαλαβώτης, *Ascal* « Haftzeher », sind glattköpfige, dickbäuchige Eidechsen, die sich besonders dadurch auszeichnen, dass ihre Zehen blatt-förmige Hauterweiterungen zeigen, die durch eigene Muskeln bewegt werden. — Vulg. *Stellio*, die Dornechse, Agamen-Eidechse.

לַיִשׁ ,שِبْلُ. Targ. בַּר אַרְיָן « Junger Löwe ».

נָחָשׁ ,الثُّعْبَانُ; חוִיא, ܣܲܡܠܵܐ, Ὄφις, *Serpens.*

נֵץ ,الْبَازِي; נצא, Ἱέραξ, *Accipiter*, « der Sperber, Habich ».

נֶשֶׁר, النَّسْرُ; נִשְׁרָא, ܢܸܫܪܵܐ, Ἀετός, *Aquila* « der Adler ». נֶשֶׁר be-zeichnet verschiedene Gattungen grosser Raubvögel : *a.* den Goldadler. « Die auf Gott vertrauen, erhalten stets neue Kraft und sind wie ein נֶשֶׁר boch » (Jes. xl, 31); *b.* den Geier als Zeichen seines nackten Halses. « Mache dich kahl und scheere dich um deine zarten Söhne. Mache breit deine Glatze gleich dem נֶשֶׁר

(Micha, ı, ı6); *c.* den Aasgeier. « Wohl auf deinen Befehl erhebt sich der נֶשֶׁר und bauet hoch sein Nest. Auf Felsen wohnt er und horstet, auf Felsenspitzen und Bergzinnen. Von dort aus erspäht er Beute, seine Augen blicken in die Ferne. Schon seine Jungen schlürfen Blut, und wo Leichen sind, dort ist er. » (Ijob, xxxıx, 27-3o.)

a. סוס, سِيَل ; סוסיא, ؟حِمَا, Ἴππος, *Equus,* « Ross ».

b. סוס, Jes, xxxvııı, ı4, سُنُونُو. Targ. סוסיא, Syr. ܣܢܘܢܝܬܐ, Sept. Χελιδών, *Hirundo,* « Schwalbe ».

סִיס, Jerem., vııı, 7. Targ. כּוּרְכְיָא, « Kranich ».

סָלְעָם, الدَّبَا « Bruch, Samenkäfer », *Bruchus Pisi* « der Erbsen-käfer ». Targ. רְשׁוּנָא, Sept. Ἀττάκη, Vulg. *Attacus.* Dieses Insekt hat starke sichelförmige Vorderflügel und grossen Fenster-flecken auf beiden Flügeln. Die Cocons mehreren Arten be-nutzt man zur Gewinnung der Seite. (Gerstæcker, S. ₂4o.) S. Anm. *b.* אַרְבֶּה.

סָס, Jes., LI, 8, السُّوس, Syr. ܣܣܐ, Sept. Σητός, Vulg. *Tinea,* « Motte ».

כְּסוּס עָנוּר, עָנוּר, Jes., xxxvııı, ı4. וְסִים וְעָנוּר, Jerem., vııı, 7. Rabbi Saadia u. a. Interpreten übersetzen עָנוּר als Epitheton zu סוס « die zwitschernde Schwalbe »; manche übersetzen « Pa-pagei, oder Kranich ».

עֵגֶל, « Kalb ».

עֵז, « Ziege ».

עֲזְנִיָה, العَنْقَاء, *Gryphus* « der Greif », ein Geiervogel von ausser-ordentlicher Stärke, der Kammgeier. In der Mythologie der

Azteken wird dieser Vogel genauer beschrieben. Targ. עָזְיָא,
Sept. Ἀλιαίετος, *Haliaetus*, « Meeradler ».

עֲטַלֵּף, الخُشَّان. Targ. עֲטַלְפָא, Septuag. Νυχτερίς, *Vespertilio*,
« Fledermaus ».

עַיִט, « ein Raubvogel ».

עַכָּבִישׁ, Jes., LIX, 5; Ijob, VIII, 14, العَنكَبوت; יַנְקוּתֵיה, Ἀράχνης,
Araena, « Spinnen ».

עַכְבָּר, الفَار; עַכְבָּרָא, حَفَّحْدَا, Μῦς, *Mus*, « Maus ».

עַכְשׁוּב, Ps. CXL, 4, النَّاعِي. Targ. עִיכוּבְיָתָא, Ἀσπίς, *Aspis*, eine
Art Brillenschlange. Mit dieser Schlange liess sich Kleopatra
tödten, indem sie dieselbe an den Arm sich setzen liess.

עַקְרָב, عَقرَب. Targ. עקרב, Σκορπίος, *Scorpio*.

עוֹרֵב, « Rabe ».

עֲרָד, Daniel, V, 21, حَمْر الوَحْش, حدؤ, Ὄναγρος, *Onager* « Wald-
esel ».

פֶּרֶד, البِغَال; כּוּדְנָא, ڤَوِسا, Ἡμίονος, *Mulus* « Maulesel », auch
אֲחַשְׁתְּרָנִים.

פָּרָה. Siehe ערד.

פָּרָה, « Kuh ».

פֶּרֶס, الغَّاب *Ossifraga* « Beinbrecher »; andere Interpreten übersetzen *Gryphus*. S. עָזְנָיָה.

פַּרְעשׁ, Samuel I, XXIV, 15, بَرغُث, Ψύλλος, « Floh ».

פֶתֶן , الأَفعَى; חוּרְמָנָא , Ἀσπίς, Aspis.

צָב , Lev., xi, 29, الضَّبُّ; צָבָא , Chalcis. Die Chalcidæ haben einen gestreckten Körper, regelmässigen Kopf und schuppige
Zunge; sie leben in tropischen Gegenden. Andere Interpreten
übersetzen « Krokodil ».

צְבִי , الظَّبْيُ; מְבְיָא , ܠܚܡܐ , « Δορκάς, Caprea, die Gemse », auch
das Reh.

צִפּוֹר , « Vogel ».

צִפְעוֹנִי , الأَفَاعِي; חיוי , ܚܘܝܐ , Ἀσπίς, Aspis « Manche Interpreten
übersetzen Basilisk.

קָאָת , القِيمَ; קָתָא « der Schwan », Sept. Πελεκᾶν « der Pelikan ».

קִפּוֹד , Jes. xxxiv, 11, القَنَافِذُ; קִיפּוֹדִין , Ἐχῖνος Ericius « der Igel ».

קָפּוֹז ibid. 15, wie קִפּוֹד.

קֹרֵא , Jerem., xvii, 11; I Sam., xxvi, 20, الحَجَلَة. Targ. קוֹרְאָה ,
قُبَج , Sept. Πέρδιξ, Vulg. Perdix, das Rebhuhn.

רָאָה , Deut. xiv, 13, الحَارِخ. Unter diesem arabischen Namen
versteht man ein Thier, welches zur Jagd verwendet wird. Targ.
בת כנפא , Ixion, Sept. Γύψ vultur, Bart- oder Lämmergeier,
Vulg. Ixion.

ראם , الكَرْكَدَّنُ , ܪܥܡܐ , Μονοκέρως, « Einhorn », Rhinoceros.

רָחֵל , « Schaf ».

רָחָם , רָחָם , رְחְסָה , الرَّخَمُ , « Sperber ». Sept. Ἔποψ, « der Wiedehopf ».
Targ. ירקדיקא und Vulg. Porphyrio, « Purpurvogel ».

רְנָנִים , Ijob, xxxix, 13. Targ. תַרְנְגוֹל בָּרָא , Raschi כֹּר יוכני.

שַׁחַל, « Löwe ».

שָׁחַף السَّانُ, Meeradler. Targ. שַׁחֲפָא צְפַר, Sept. Λάρος, Vulg. *Larus*, « Möve ».

שׁוּעָל « Fuchs ».

שֶׂכְוִי, Ijob, xxxix, 36. Thalm. Tract. ראש השנה, fol. 26 ‎ : Rabbi Simon, Sohn Lakisch's, erzählt : Er habe auf seiner Wanderung gehört, dass man einen Hahn שֶׂכְוִי nenne. מדרש רבה zu Lev., Cap. xxv. Rabbi Lewi sagte : Im Arabischen nennt man den Hahn סָכְוִי. יְרוּשַׁלְמִי Tract. ברכות, fol. 35 *a*. R. Lewi sagte, in Rom nennt man den Hahn סָכְוִי.

שְׂלָו, سَلْوَى السَّلْوَي. Targ. סְלָיו, ܣܰܠܘܰܝ, Sept. Ὀρτυγομήτρα, Vulg. *Coturnix* « Wachtel ».

שָׁלָךְ الزِّرْخ (*versio latina*), *Vultur*, Targ. שָׁלִינוּנָא « Fischgeier », Καταρράκτης.

שְׂמָמִית « Spinne », nach manchen Interpreten, *Stellio*. S. לְטָאָה.

שְׁפִיפוֹן المَعْرُون. Targ. חיוי u. חורמן, « Otter ».

שָׁפָן الأَرَانِب, Kaninchen. Targ. טַפְזָא. Sept. Δασύποδα « Hase ».

תּוֹלַעַת, « Wurm ».

תַּחְמָס لَخَطَّاف « die Schwalbe ». Targ. צִיצָא, Sept. Γλαῦκα, Vulg. *Noctua* « Nachteule ».

תַּחַשׁ الَيَاقُوت, *Hyacynthus* übersetzt Rabbi Saadia Jecheskel, xvi, 10, תְּחָשִׁים, in Exod. كَارِس. Targ. סוסגונא, Syr. ܣܘܣܓܘܢܐ, Sept. Ῠακίνθινα. Demnach wäre תַּחַשׁ der Name einer Farbe, nämlich der Hyazyntfarbe. Manche Interpreten übersetzen תחש, « Dachs », עורות תחשים, « Dachsfelle ». Nach Raschi wäre תחש ein

reines Thier mit buudgeflecktem Felle, das in jener Zeit der
Gesetzgebung bekannt war.

תִּנְשֶׁמֶת, Lev. xi, 18, الشَّاهِينُ «der Falke»; *ibidem*, 30, أَبْرَص,
Stellio «die Dornechse oder *Hardun*». Targ. אָשׁוּתָא, *Stellio*, Sept.
Ασπάλαξ, Vulg. *Talpa* «der Maulwurf»; ebenso erklärt Raschi.

TABLE DES MATIÈRES.

CPSIA information can be obtained
at www.ICGtesting.com
Printed in the USA
BVHW04*1109100918
527043BV00010B/381/P